진작
알았더라면
좋았을
채근담의 힘

진작 알았더라면 좋았을
채근담의 힘

초판 발행 2015년 4월 15일

편저자 | 이준구

펴낸이 | 이은영
편 집 | 박민정
디자인 | 비타-民

펴낸곳 | 오후의책
등 록 | 제300-2014-14호
주 소 | 서울시 종로구 동숭4다길 15
전 화 | 070-7531-1226
팩 스 | 02-763-7115
e-mail | ohoonbook@naver.com

ISBN 979-11-950750-4-1 03190
값 13,000원

——

• 이 도서의 국립중앙도서관 출판예정도서목록(CIP)은 서지정보유통지원시스템 홈페이지(http://
seoji.nl.go.kr)와 국가자료공동목록시스템(http://www.nl.go.kr/kolisnet)에서 이용하실 수 있습
니다. (CIP제어번호 : CIP2015010761)

인성교육을 위한 고전 사용법

채근담의 · 힘

진작
알았더라면
좋았을

이준구 편저

오후의책

머리말

사람의 그릇은 어떻게 만들어지는가

《채근담(菜根譚)》에 대해 정의하자면 한마디로 '사람됨과 사람의 그릇을 넓혀주는 지혜의 샘터'라고 할 수 있다. 이 오랜 지혜를 만날 수 있다는 것은 후대의 복이라 하겠다.

《채근담》은 중국인의 심신 수양법과 관계된 '삶'의 지혜가 총망라 되어 있어 중국 고전문화 역사상 매우 뛰어난 책이다. 천년을 이어온 유·불·선의 사상을 아우르는 넓은 지혜로서 매우 간결하면서도 의미심장한 문장이 특징이다. 현재에 있어서는 고전인문학의 기본으로서 인성교육의 지침서가 될 만하다.

《채근담》에는 '사람이란 무엇인가', '어떻게 살아야 하는가', '행복이란 무엇인가' 하는 근본적인 질문에 대한 답이 담겨 있다. 또한 사물에 대한 통찰력과 도덕적 삶의 태도를 중요하게 담으며, 삶을 변화시키는 지혜화 용기를 터득하도록 해준다는 점에서 동양의 《탈무드》에 비유된다.

사람은 후천적인 교육과 노력으로 삶의 주체로 성장해 가는 존재이다. 개인의 삶은 그 사람의 온 삶의 과정을 통해 드러난다. 그래서 사람됨, 도덕적인 인간을 양성하는 교육의 중요성이 더욱 강조될 수밖에 없다.

사람의 그릇은 타고난 천품에도 있겠지만 후천적인 체험, 철학 등이 합쳐진 교육이라는 과정에 의해 좌우된다. 세상은 변하지만 도덕은 불변한다. 정신문화는 변화하지 않는다. 변화하는 세상에서 변하지 않는 정신에 대한 교육을 등한시 한 결과가 지금 교육의 문제이다.

전통적인 교육은 윗사람이 모범이 되고, 아랫사람은 보고 배운 것에서 스스로 자질을 갈고 닦는, 그래서 저절로 윗사람을 따르게 되는 방식이었다면, 지금은 그 고리가 끊겨진 셈이다.

그래서 오늘날 도덕은 땅에 떨어지고 교육은 변화가 심하고 분노와 무질서가 팽배하다. 이렇게 된 데에는 여러가지 이유가 있겠지만 그 중에서도 인성교육, 즉 도덕적인 인간을 양성하는 데 힘을 쏟지 않아서라고 하면 억지일까.

교육이란 사람을 사람답게 살아가도록 가르치는 것이다. 학교에서 배운 지식과 가치관을 실천해 가는 과정에서 사회의 구성원으로서 인류에 봉사하고 행복한 인생을 살도록 성숙한 인간을 만드는 것이 교육의 목표인 것이다.

《채근담》두 권(전·후집)은 명(明)나라 홍자성(洪自誠)의 저서이다. 저자 홍자성이 나물 뿌리를 씹는 담박한 생활에서, 또 오랜 체험의 토대 위에서 그려낸 명언집이라 할 수 있다.

저자 홍자성에 대해서 알려진 바는 없으나, 유학(儒學), 노장(老莊)은 물론 불교에 통달하고 있음을 이 저술을 통해 쉽게 알 수 있다. 홍자성은 천리인정(天理人情)을 논하면서도, 명리(名利)를 가볍게 보고, 문아풍류(文雅風流)를 즐긴다. 또한 간결하고도 문장은 아름다우며, 그 어구는 짧은 반면 심중을 강타할 만큼 강렬하다.

예부터 사람의 욕심에는 한이 없었다. 99섬의 곡식을 가진 이가 100섬을 채우려 든다. 이런 욕심을 만족시키고자 수단과 방법을 가리지 않다가 구렁텅이에 빠진 뒤에야 후회한들 무슨 소용이 있는가. 《채근담》은 물질적인 만족보다 마음의 만족을 찾아야 할 것을 큰 교훈으로 제시한다.

어쩌면 《채근담》을 처음 대할 때 온갖 모순된 감정이 뒤섞여 방향을 찾지 못할 수도 있다. 그러나 몇 번이고 읽다 보면 책 속에 담겨 있는 깊은 삶의 자세를 충분히 이해할 수 있을 것이다.

성공한 사람이 읽으면 인생과 세상이 끊임없이 변화한다는 사실을 인지하며 편안할 때 위기에 대비할 수 있게 되고, 나라와 세상을 바로 잡을 수 있게 된다. 실패한 사람이 읽으면 의기소침해 있는 마음에 다시 한 번 불을 붙여 스스로 분발할 수 있는 힘을 부여한다. 그리고 부귀한 사람이 읽으면 화려한 겉모습이 모두 환상이라는 것을 깨닫게 하여 늘 사려 깊은 생각으로 조심스럽게 행동하여 자손만대를 이롭게 할 수 있다. 가난한 사람이 읽으면 청운의 꿈을 잃지 않고 가난한 생활 속에서도 삶의 의미를 찾을 수 있게 해 준다. 이것이야말로 인생의 진리라고 할 수 있다.

이 책의 편집은 다음과 같이 주안점을 두었다.

첫째, 《채근담》 원문은 전·후집 두 권으로 360개 단문으로 성립되어 있으나, 전집에서 75개의 단문과 후집에서 57개의 단문을 합쳐 132개를 선정하여 그 원문과 거기에 따른 해석과 해설로 풀이했다. 특히 원문 가운데 주요한 부분은 밑줄을 쳐 강조하였다.

둘째, 본 책자의 구성은 1, 2, 3부로 구성하였다. 제1부에서는 〈채근담 이야기〉, 제2부에서는 〈사람됨의 철학, 채근담의 지혜〉로 원문과 그 해석, 해설을 게재하였고, 제3부에서는 〈인성교육은 왜 필요한가〉로 '도덕 불감증' 또는 '인성교육의 부재 현상'을 예로 들어 그 문제점을 논의하였다.

2015년 3월
편저자 이 준 구
교육학 박사 / 한국인간학회 회장

• 목차 •

머리말·사람의 그릇은 어떻게 만들어지는가 ········ 4

제1부
채근담 이야기

1장. 채근담의 이해
2장. 채근담의 제사
3장. 동양의 탈무드, 채근담이 주는 지혜
4장. 사람이란 삶을 통해서 '사람됨'의 세계를 넓힌다
5장. 사람됨의 '그릇' 넓히기

제2부
사람됨의 철학
채근담의 지혜

전집(前集)

1. 도덕 위에서 이룬 삶은 향기로운 꽃과 같다 ········ 40
2. 진실함은 세상을 빛나게 한다 ········ 42
3. 진심어린 충고에 귀기울여라 ········ 44
4. 세상 일은 마음먹기에 달려 있다 ········ 46
5. 마음이 너그러우면 외롭지 않다 ········ 48
6. 좋은 것은 나누어라 ········ 50
7. 고통은 먼저, 이익은 나중에 즐겨라 ········ 52
8. 물러서는 것은 한걸음 나아가기 위함이다 ········ 54
9. 남을 꾸짖을 때는 부드럽게 하라 ········ 56
10. 욕심을 버리면 당당하다 ········ 58
11. 자연에 살더라도 정치에 관심을 가져라 ········ 60
12. 진정한 베풂은 남을 빛나게 하는 것이다 ········ 62
13. 사물의 이면을 보아야 한다 ········ 64
14. 부도덕한 일에 부끄러운 줄을 알아라 ········ 66
15. 양보는 잃는 것보다 얻는 것이 크다 ········ 68
16. 정의를 따르면 흔들리지 않는다 ········ 70
17. 성공과 실패는 한 걸음 차이다 ········ 72
18. 속 좁은 마음은 근심을 불러온다 ········ 74
19. 상황에 따라 현명하게 대처하라 ········ 76
20. 베푼 것은 잊고 받은 것은 갚아라 ········ 78
21. 검소한 사람은 여유가 있다 ········ 80
22. 배운 것은 써먹어라 ········ 82
23. 기쁨과 슬픔은 모두 한순간일 뿐이다 ········ 84
24. 얇은 재주는 사람의 미움을 산다 ········ 86

25. 비워야 채울 것이 생긴다 ········ 88
26. 악행은 들추고 선행은 감추어라 ······· 90
27. 고생 끝에 얻은 것이 진짜 내것이 된다 ····⋮⋯ 92
28. 한쪽에 치우치지 않아야 바로 보인다 ········ 94
29. 바쁜 와중에도 여유를 잃지 않는다 ········ 96
30. 자신을 희생할 때는 의심이 없어야 한다 ······· 98
31. 인생은 여행과 같다 ········ 100.
32. 인생은 후반이 중요하다 ········ 102
33. 따뜻한 가정에서 바른 아이가 길러진다 ······· 104
34. 맛있기만 한 음식은 몸을 상하게 한다 ········ 106
35. 남의 잘못은 너그럽게 잊어라 ········ 108
36. 시간은 생명과 같다 ········ 110
37. 때론 밥 한 술의 베풂도 은혜가 된다 ········ 112
38. 뛰어난 재능은 적당히 감추어야 한다 ········ 114
39. 편안할 때 나중을 염려해라 ····⋮⋯ 116
40. 평범함 속에 위대함이 있다 ········ 118
41. 오만함은 좋은 것을 멀어지게 한다 ······· 120
42. 때로는 알면서도 속아주어라 ········ 122
43. 미리 넘겨짚어 앞서 가지 마라 ······· 124
44. 저절로 얻어지는 것은 없다 ········ 126
45. 아름다움은 세상이 저절로 알아준다 ·····⋯ 128
46. 가까운 사람이 더 질투한다 ········ 130
47. 덕은 없으면서 재능이 있는 사람은 위험하다 ······· 132
48. 실수는 내 탓, 공은 네 탓이라 여겨라 ········ 134
49. 자신을 돌아보는 시간은 한밤중이 좋다 ······· 136
50. 문제점은 나에게서 찾아라 ········ 138
51. 사람의 원칙과 신념은 언행으로 드러난다 ········ 140
52. 괴로움을 제거하면 즐거움이 저절로 온다 ········ 142
53. 작은 일이라도 의미가 있다 ········ 144
54. 의심이 많은 것은 자신이 남을 속이기 때문이다 ········ 146
55. 벗과 노인은 늘 극진히 대접하라 ········ 148
56. 남에게는 장점을 보고, 내게서는 단점을 보라 ········ 150
57. 기이함과 이상함을 구분하라 ········ 152
58. 엄격으로 시작해 너그러움으로 맺어라 ········ 154
59. 일단 시작한 일이라면 이익은 잊어라 ········ 156
60. 자신을 포장하는 것은 남을 속이는 것이다 ········ 158
61. 먼저 따뜻한 사람이 되어주어라 ········ 160
62. 소소한 일부터 마음을 다해라 ······· 162

63. 지금 부유할지라도 가난의 고통을 생각하라 ········ 164
64. 강철은 오랜 단련으로 탄생한다 ········ 166
65. 타인의 아첨을 경계하라 ········ 168
67. 초년의 고생은 마음의 재산이다 ········ 170
67. 냉철한 안목을 길러라 ········ 172
68. 공을 들여야 원하는 것을 얻는다 ········ 174
69. 각박함과 넘치는 것을 경계하라 ········ 176
70. 세상에 나보다 못한 사람은 없다 ········ 178
71. 기분에 따라 행동하면 실수가 많다 ········ 180
72. 어중간한 사람은 다스리기가 어렵다 ········ 182
73. 입을 탓하기 전에 생각부터 단속하라 ········ 184
74. 남의 허물을 이해하면 타인의 존중을 받는다 ········ 186
75. 청춘은 짧고 좋은 경치는 오래가지 못한다 ········ 188

후집(後集)

1. 뱉은 말은 행동으로 옮겨라 ········ 192
2. 살아있는 것 자체가 행복이다 ········ 194
3. 마음이 부자이면 삶의 즐거움을 안다 ········ 196
4. 욕심 없이 열심히 할 때 하늘이 돕는다 ········ 198
5. 인생은 짧다 ········ 200
6. 세상에서 가장 긴 것도, 짧은 것도 시간이다 ········ 202
7. 기회는 항상 우리 곁을 맴돈다 ········ 204
8. 자연과 벗삼아 사는 것은 멋스럽다 ········ 206
9. 멀리 내다보고 마음의 준비를 하라 ········ 208
10. 한 걸음 물러서는 법을 배워라 ········ 210
11. 위기 앞에서 정신을 가다듬어라 ········ 212
12. 나설 때와 물러날 때를 알아라 ········ 214
13. 적당히 만족하면 남이 부럽지 않다 ········ 216
14. 명성을 좇으면 자유를 잃는다 ········ 218
15. 자유롭고 싶다면 주변을 가볍게 하라 ········ 220
16. 쉽게 오는 즐거움은 쉽게 떠난다 ········ 222
17. 사실 진리는 지극히 평범하다 ········ 224
18. 고요한 사람은 문제에 휘말리지 않는다 ········ 226
19. 지나친 욕망은 집착이 된다 ········ 228
20. 짙음은 옅음만 못하다 ········ 230
21. 몸은 속세에 있지만 마음은 속세를 초월하라 ········ 232
22. 내 마음이 고요하면 남이 나를 속이지 못한다 ········ 234
23. 욕심 없이 운치가 있다면 신선과 같다 ········ 236
24. 영화를 바라지 않으면 미끼에 걸리지 않는다 ········ 238

25. 시와 그림을 가까이 하라 ········ 240

26. 때로는 마음이 해답을 알려준다 ········ 242

27. 의심을 버리고 세상을 보라 ········ 244

28. 세상의 잣대에서 벗어나라 ········ 246

29. 소박할수록 풍요롭다 ········ 248

30. 앞사람의 성숙함에서 세상을 배워라 ········ 250

31. 일상의 즐거움이 참다운 기쁨이다 ········ 252

32. 살아 있는 모든 것은 언젠가 죽는다 ········ 254

33. 마음을 버우면 몸까지 한가롭다 ········ 256

34. 자연은 소리는 최상의 문장이다 ········ 258

35. 사람의 마음을 채우기는 쉽지 않다 ········ 260

36. 마음에 생기를 불어넣어라 ········ 262

37. 둘러싼 환경에 얽매이지 마라 ········ 264

38. 세상은 내일 어떻게 달라질지 모른다 ········ 266

39. 최선을 다하되 무심히 즐겨라 ········ 268

40. 가장 좋은 때를 기다려라 ········ 270

41. 죽을 때는 빈손이 된다는 것을 기억하라 ········ 272

42. 돈이 있으나 없으나 고민은 다 있기 마련이다 ········ 274

43. 희망은 메마르지 않는다 ········ 276

44. 단순한 것이 아름답다 ········ 278

45. 생각이 변하면 세상이 달라진다 ········ 280

46. 노력하는 와중에 깨닫는 바가 있다 ········ 282

47. 이 또한 지나가리라 ········ 284

48. 사람과 자연의 마음은 서로 통한다 ········ 286

49. 전체를 보는 눈을 길러라 ········ 288

50. 반쯤 핀 꽃이 아름답다 ········ 290

51. 사람답게 사는 게 진짜 사는 것이다 ········ 292

52. 분수에 넘치는 복은 화를 부른다 ········ 294

53. 인생의 주도권은 나에게 있다 ········ 296

54. 득이 있으면 그만큼의 실이 있다 ········ 298

55. 겉모습에 속지 말고 진실을 보라 ········ 300

56. 늘이기에 애쓰지 말고 줄이는 데 힘써라 ········ 302

57. 나의 적은 내 마음이다 ········ 304

제3부
**인성교육은
왜
필요한가**

1장. 도덕은 불변한다

2장. 도덕교육은 왜 필요한가

3장. 도덕과. 인격

제 1 부

채근담 이야기

제 1 장
《채근담》의 이해

세상에는 인생과 처세에 대한 수양서가 헤아릴 수 없이 많이 있지만, 그 중에서도 이 《채근담》은 동서고금에 그 유례가 없는 군계일학(群鷄一鶴)의 백미(白眉)라 할 수 있다.

《채근담》 전후집(前後集)을 살펴보면, 저자 홍자성은 그 사상의 뿌리를 유교에 두고, 노장(老莊)의 도교나 불교의 사상까지도 폭넓게 받아들이고 있다. 그는 인생을 초탈(超脫)하되 속세(俗世) 속에서 초탈하라고 강조하고 있으면서, 물질과 명예도 맹목적으로 부정하지는 않는다. 《채근담》이 현대인의 공감을 불러일으키는 이유도 여기에 있는 것이다.

이리하여 《채근담》은 부귀한 사람에게는 경계(警戒)를 주고, 가난한 사람에게는 안락(安樂)을 주며, 성공한 사람에게는 충고를 주고, 실의에 빠진 사람에게는 격려를 주어, 누구에게나 인격 수양의 지침서가 되고 삶의 지혜의 샘물이 되어 누구에게나 즐거움을 안겨준다.

서명(書名) 《채근담》에 대하여

　《채근담》이라는 이 책의 이름은 송(宋)의 유학자 왕신민(汪信民)의 '사람이 항상 나물 뿌리(菜根)를 씹을 수 있다면 백 가지 일을 할 수 있다'라는 말에 기원을 두고 있다. 이 말은 '맛있는 음식을 구하지 않고 항상 채근(菜根)과 같은 거친 음식을 달게 여기며 사는 사람은 어떤 일이라도 성취할 수 있다'라는 뜻으로, 주자(朱子)가 편집한 《소학(小學)》「선행편(善行編)」맨 끝부분에 '왕신민이 일찍이 말하기를 '사람이 항상 채근(菜根)을 씹을 수 있다면 모든 일을 다 이룰 수 있다'라고 하는 데 있다.

저자(著者) 홍자성(洪自誠)에 대하여

　《채근담》의 저자 홍자성은 어떤 인물이며 어떤 삶을 살았는지 등에 대해 모든 것이 분명치 않으며, 지금으로서는 조사할 수 있는 자료가 전혀 남아 있지 않다. 다만 우리는 우공겸(于孔兼)이 이 책의 제사(題詞)에서 '나의 벗 홍자성이란 이가 있어, 그의 저서 《채근담》을 가지고 와서 내게 보이면서 서(序)를 부탁했다'라고 말하고 있으므로, 홍자성은 우공겸과 같은 시대의 인물임을 알 수 있을 뿐이며, 그의 친구로서의 홍자성에 대해 미루어 짐작할 수 있을 뿐이다.

《채근담》의 사상에 대하여

《채근담》에 담겨 있는 사상은 유교적 사상을 기조로 하고, 이에 도교와 불교의 사상을 가한 유(儒)·도(道)·불(佛) 3교(敎) 합일(合一)의 사상이다. 《채근담》의 내용 중에는 《시경(詩經)》·《논어(論語)》·《대학(大學)》·《중용(中庸)》·《주역(周易)》 등의 유교적(儒敎的) 경서(經書)나, 명(明)의 진백사(陳白沙)·북송(北宋)의 소요부(邵堯夫)·남송(北宋)의 소동파(蘇東坡)·당(唐)의 백거이(白居易) 등의 유가적(儒家的) 선현(先賢)들의 시구(詩句)를 인용하고 있는 부분이 많다.

《채근담》의 판본(版本)

채근담에는 저자의 이름이 다른 두 종류의 판본이 있다. 하나는 환초도인(還初道人) 홍자성이 저자로 되어 있고, 삼봉 주인(三峰主人) 우공겸의 제사(題詞)가 붙어 있는 판본이며, 다른 하나는 홍응명(洪應明)이 저자로 되어 있고, 우공겸의 제사가 붙어 있지 않은 판본이다.

이 책은 우리나라에 널리 알려져 있는 홍자성이 저자로 되어 있는 판본이다.

제2장
채근담의 제사*(題詞)

　방문객을 다 쫓아버리고 외로이 누추한 집에 틀어박혀 살면
서 세속 따라 사는 사람들과 어울리기를 즐기되 속세를 버린
사람들과 교류하기는 즐기지 않았다. 망령되어 옛 성현들과 더
불어 오경(五經)의 뜻의 같고 다름을 평(評)하되, 부질없이 두세
젊은이들과 함께 운산변환(雲山變幻)하는 산마루를 함부로 서성
거리지는 않았다. 날마다 어부나 농부들과 더불어 오호(五湖)의
물가라든가 푸른 들 가운데서 읊조리고 노래하였지만, 몇 푼의
이익을 다투고 얼마 안 되는 봉록을 영광스레 여기는 자들과는
인정이 급변하는 마당이나 득살만 따지는 소굴에서 하루라도
서로 진심을 터놓지는 않았다.
　간혹 염락(濂洛 : 유교)의 설(說)을 배우려는 사람이 있으면 가르
쳐 주고, 축건(竺乾 : 불교)의 업(業)을 배우려는 사람에게는 그것
을 일깨워 주되, 허황한 공론(空論)을 일삼는 자는 멀리했다. 이

로써 나는 산중의 수양을 쌓기에 족했다.

때마침 친구인 홍자성이 《채근담》을 가지고 와서 나에게 보이면서 서문을 써달라고 청해 왔다. 나는 처음에는 그 책을 대수롭지 않게 보았을 뿐이었다. 이윽고 책상 위의 고서(古書)들을 치우고 마음속의 잡념을 털어버린 다음 정독을 하고 나서야 예사로운 책이 아님을 깨달았다.

그 글은 마음의 본성을 논함에 금방 현묘한 경지에 이르고, 인정을 말함에 인간 세상의 고충을 곡진(간곡하게 정성을 다함, 曲盡)하게 밝혀서, 천지를 바라보며 가슴속의 여유를 보고, 세속의 공명(功名)을 티끌같이 여기며 식견의 고원(高遠)함을 알 수가 있었다. 붓끝에서는 녹수청산(綠水靑山)이 그려지고, 하는 말 모두가 연비어약*(鳶飛魚躍)하듯 약동하고 있다.

이에 그가 얼마나 자득(自得)했는지는 참으로 확신하지는 못할망정, 그가 지은 문장을 볼라치면 모두가 세상을 깨우치고 사람을 각성시키는 긴요한 구절들뿐이어서 귀로 듣고 금방 입 밖으로 나오는 그런 경박한 것이 아니다.

《채근담》이라고 이름 붙인 이유는 청렴하고 각고(刻苦)의 노력한 가운데서 얻어진, 또한 스스로 가꾸고 물을 주는 가운데서 터득했기 때문이리라. 세상의 풍파에 시달리고 갖은 고난을 겪으면서 이룬 결실임을 가히 알 수 있겠다.

홍자성은 말하기를, '하늘이 내 몸을 수고롭게 한다면 나는 내 마음을 편안하게 함으로써 이를 보완할 것이며, 하늘이 나에게 액운을 만나게 한다면 나는 나의 도(道)를 형통케 함으로써 이를 뚫고 나갈 것이다'라고 하였다. 그 자신이 신중하게 경계하고 스스로 힘썼음을 또한 알 수 있으리라. 이상과 같기에 몇 마디 적어서 이 책을 세간에 공표하여, 풀뿌리(菜根)에야말로 인생의 참맛이 있음을 알리고자 한다.

— 삼종주인(三峰主人) 우공겸*(于孔兼) 쓰다

----

* 제사(題詞) : 책의 첫머리에 그 책과 관계되는 노래나 시 따위를 적은 글. 머리말.
  원문은 생략했음.
* 연비어약(鳶飛魚躍) : 만물이 저마다의 법칙에 따라 자연스럽게 살아감을 뜻함.
* 우공겸 : 자는 원시(元詩), 경소(景素). 호가 삼봉주인이다. 강소(江蘇) 금단(金壇)
  사람으로 만력(萬曆) 연간에 진사(進士)가 되었다.

제 3 장

동양의 탈무드, 채근담이 주는 지혜

《채근담》은 동양의 《탈무드》라고 높이 평가된다.

《탈무드》는 책이라고 하기보다는 엄격하게 말하면 '학문'으로서 1만 2천 쪽이나 될 만큼 방대하다. 탈무드는 기원전 500년으로부터 기원 후 500년에 걸쳐 약 1천 년의 세월동안 구전으로 내려오던 것을 2천 명에 달하는 많은 학자들이 10년의 기간 동안 편찬한 것이다.

《탈무드》는 유대인 선조들의 생활을 지배해 왔고 현재까지에 이르고 있는 유대 5천 년의 지혜이자 모든 지식의 창고이다.

특히 《탈무드》는 오직 학자들의 손에 의해서 문화, 도덕, 종교, 전통이 총망라된 것이며, 이것이 법전은 아니지만 법률을 논하고, 역사책이 아니지만 역사를 말해 주고, 인물사전이 아니지만 많은 인물을 소개해 주고, 백과사전이 아니지만 백과사전의 역할까지도 해주고 있다.

특히 《탈무드》는 '삶이란 무엇인가?', '인간의 존엄성이란 무엇인가?', '행복과 사랑이란 무엇인가?'에 대한 5천 년 유대 역사의 정신적 재산과 양식이 여기에 모두 담겨 있다고 하여 《탈무드》야말로 진정한 뜻에서 '뛰어난 문헌'이며, 화려한 문화의 모자이크라고 높이 평가되고 있다. 오늘날 서양 문명을 잉태한 문화 양식과 사고방식을 이해하고자 한다면 《탈무드》를 먼저 이해하지 않고는 불가능하다.

물론 《탈무드》의 원류는 구약성서를 보완하여 그것을 더욱 확대 발전시킨 것이라 할 수 있다. 하지만 기독교인들은 예수 출현 이후의 유대 문화를 모두 무시해 왔고, 《탈무드》의 존재도 완강히 거부해 왔다.

《탈무드》가 학문으로 만들어지기까지는 랍비로부터 제자들에게 입에서 입으로 전해져 내려왔으며, 그 대본이 문답형식으로 되어 있고, 또한 그 내용이 한없이 넓고 깊으며, 히브리어와 아랍어로 기록되어 있다.

《탈무드》 안에 첨부되어 있는 색인이나 각주는 히브리어를 비롯하여 바빌로니아어, 프랑스어, 독일어, 스페인어, 북아프리카어, 터키어, 폴란드어, 러시아어, 이탈리아어, 영국, 중국어 등 여러 나라 말로 주역(註譯)되어 있다. 세계의 모든 나라에서 탈무드가 읽혀지고 연구된 뒤에 새로운 내용을 덧붙인 것이다.

오늘날 《탈무드》는 유대인의 영혼이라 할 수 있다. 오랜 박해 이산(離散)의 역사를 겪어온 유대 민족에게 있어서 오직 《탈무드》만이 유대인을 지켜 주었다고 할 수 있다.

《채근담》이 동양의 《탈무드》라고 할 수 있는 것은 부귀를 이룬 사람에게는 근신과 경계를, 빈천한 사람에게는 용기와 안정을, 성공한 사람에게는 충고와 경고를, 그리고 실의에 빠져있는 사람에게는 격려와 평안을 주기 때문이다. 이런 점에서 《채근담》은 동양의 인생수양서 중에서도 높이 평가되고 있으며 《탈무드》와도 일맥 통한다.

예컨대 '부와 스승은 신과 같다'고 한다. 캘리포니아주의 샌클레멘테에 가면 그 주(州)의 의회장 건물에 다음과 같은 문구가 새겨져 있다.

우리 고향의 높은 산들보다 더 높이 솟아오르는 인간을 만들라.

이와 비슷한 발상이 유대인의 마음 속에도 깃들어 있다. 히브리어로 산을 '하림'이라고 하고, 부모를 '호림'이라고 하며, 교사는 '오림'이라고 한다. 그래서 유대인은 부모와 교사는 산과 같은 것이어서 보통 사람들보다 높이 솟아 있다고 생각한다. 산이 하늘보다 높이 솟기를 원해서 산정(山頂)이 위로 치솟아 있는 것이고, 그들도 자식들이 더 높은 곳에 이르도록 가르친다. 결국 자식들이나 학생들은 이 산의 높이만큼 도달하지 않으면 안 된다고 교육을 받는 것이다.

유대인은 어느 민족보다도 교육열이 강한 민족이기 때문에 세 살 때부터 공부를 가르치기 시작한다. 그들은 일주일에 6일

동안 하루에 6시간 내지 10시간씩을 공부하는 데 쏟는다. 그들은 선생의 집이나 학교에서 '토라'나 《탈무드》를 암기하여 '바르미즈바(성인식)'를 준비하는 것이다.

그리고 《탈무드》는 사고술(思考術)의 하나로서 '연상'이 지니는 힘을 크게 평가하고 있다. 인간이 가지고 있는 사고력이라고 하는 것은 곧 연상하는 힘이다. 하나의 생각이 실마리가 되어 다음 생각으로 이어지는 것을 말한다.

연상력과 감성의 예민함은 같은 것이다. 실제로 연상력만큼 훌륭한 것은 없다. 흔히 '저 사람은 머리가 좋다'고 하는 말은 곧 연상력이 풍부하다는 것을 뜻한다.

《탈무드》적 인간은 연상력이 풍부해야 된다. 그러기 위해서는 자기의 관심을 한정시키지 말고 될 수 있는 대로 전반적인 지식을 가지고 있는 편이 유리하다. 특히 인생의 성공을 위한 지혜에 있어 《탈무드》를 통해 배우는 삶의 지혜를 다음과 같이 말하고 있다.

- 이 책은 당신의 삶을 변화시키고, 그 변화된 삶은 당신을 성공으로 이끌게 할 것이다. 그리고 당신은 행복할 것이다.
- 사람은 이 세상에 나올 때 두 손을 꼭 쥐고 나오지만 죽을 때는 그와는 반대로 두 손을 펴고 죽는다. 이는 세상에 나올 때는 이 세상 모든 것을 다 움켜쥐려 하기 때문이고, 죽을 때는 남아 있는 사람들에게 가지고 있는 모든 것을 다 남겨두고 아무 것도 가지고 갈 수 없는 빈손이기 때문이다.

《탈무드》에서 말하기를,

인간의 눈은 흰 부분과 검은 부분으로 이루어져 있다. 그런데 어찌하여 신은 검은 부분을 통해서만 물체를 보도록 만들었는가? 인생은 어두운 사실을 통해서 밝은 것을 볼 수가 있기 때문이다.

이 대목은 매우 중요한 의미를 시사해 준다. 그것은 어떠한 역경에도 굴하지 않은 '용기'이다. 그러니 스스로 체험하지 않고서도 역사상에서 선인들이 체험한 것을 자신의 것으로 삼을 수도 있다고 《탈무드》는 말하고 있다.
비슷한 면에서 중국의 '고전'은 다음과 같이 말한다.

사람을 보는 데 있어서 중요한 것은 상대가 아니라 저 자신의 눈이며 마음이다.

눈은 흐려 있지 않은지, 또 그 눈이 똑바로 보고는 있는지, 그리고 마음은 선입견이나 호불호(好不好)에 의해서 흔들리고 있지는 않은지, 타인의 일을 논평하는 자는 사실은 저 자신을 노골적으로 드러내고 있는 것이다. 바른 사람은 구부러진 사람을 구부러졌다고 한다.
사물을 똑바로 보고 올바른 판단을 하는 것이 남의 위에 있는 사람의 책임이라 하겠다.

제 4 장

사람이란 삶을 통해서 '사람됨'의 세계를 넓힌다

'사람'이란 무엇인가

- 역사적인 존재 구조 측면에서

'사람'이란 도대체 무엇인가. 이 문제에 대해서 예부터 지금까지도 많은 학자들, 사상가들이 사람의 '역사적인 존재구조'를 바르게 규명하고자 노력하였다.

'사람'의 역사적인 존재구조는 먼저 그 역사적인 측면에 조준(照準)하여 다음과 같은 '물음'을 제기하게 된다.

첫째, '사람'은 언제, 어떻게 이 세계에 나타났는가.⑴

둘째, 이보다 앞선 세계는 어떠하였는가.⑵

셋째, 그 이후 세계는 어떻게 바뀌고 '사람'은 어떻게 바뀌었는가.⑶

넷째, 이 같은 과정에서 '사람'은 세계에 대해서 무엇을 했으며, 세계는 '사람'에 대해서 무엇을 해왔는가.(4)

또한 사람의 역사적인 존재구조는 또 다시 구조적 측면에 준하여 다음과 같은 '물음'을 제기할 수 있다.

다섯째, 사람에 있어서 '자연'이란 무엇인가. 또한 '자연'에 있어서 사람이란 무엇인가.(5)

여섯째, '사람'에 있어서 '문화'란 무엇인가. 또한 '문화'에 있어서 '사람'이란 무엇인가.(6)

일곱째, '사람'에 있어서 '사회'란 무엇인가. 또한 '사회'에 있어서 '사람'이란 무엇인가.(7)

여덟째, 이와 같이 '물음'을 제기하고, 그리고 '물음'을 받아야만 하는 '사람'이란 도대체 무엇인가.(8)

결국 '사람'의 문제는 모든 문제가 그 자체에서 발문(發問)하게 되고, 또 그것으로 귀결(歸結)하게 되는 본질적인 문제인 것이다.

여기서 편의상 문제를 둘로 나누어 보기로 한다.

첫 번째의 문제로 (1)에서 (4)까지를 사람에 관한 역사적 문제로 삼고, 두 번째의 문제로 (5)~(8)을 사람에 관한 구조적 문제로 삼자.

첫 번째의 역사적 문제인 (1)은 생물사, 진화론의 과제이며, (2)는 천체사, 우주론의 과제이며, (3)은 사회사의 객체적 측면의 물음이며 (4)는 사회사의 주체적 측면의 물음이다.

두 번째의 구조적 문제인 (5)는 자연과 인간과의 관계를 역사적으로 볼 때 자연이 사람을 선행하고 있음이 분명하다. 구조적으로 보아도 먼저 자연이 있고, 그 일부로서 사람이 있다는 전제에 있어서 처음으로 사람은 자연을 대상화할 수 있었던 것이다.

문제 (6)에서 묻고 있는 문화와 인간과의 관계를 보면 자연의 경우와는 달리 문화는 사람이 먼저 있고, 그로부터 만들어진 것이다. 그러나 이 경우에 사람이 문화를 창출할 수 있었던 것은 자연을 대상화할 수 있었기 때문이다.

문제 (7)에서 묻고 있는 사회와 사람 관계만 해도 자연을 대상화하여 문화를 창출한 사람이 사회를 형성하게 된다.

사람은 원래 군거동물(群居動物)이며, 무엇인가의 부족(部族)이라고 가르치는 것은 사회를 영위하며 존재하는 인간, 즉 사회적인 인간이기 때문이다.

문제 (8)에서 묻고 있는 것은 이러한 사회적 인간의 역사적 형태의 방향이다. 여기서 찾아내야 할 이상형은 무엇인가.

주체적 인간으로서 역사적 발전의 주체이며, 궁극적인 인간의 구조적 문제인 '현대에 있어서 주체로서의 인간이 어떻게 존재하여야 하는가' 하는 데에 해답이 있을 수 있다.

'사람'이라는 인간의 형성과정

'삶'을 통한 사람됨의 교육

인간과 동물과의 본질적 차이는 무엇인가. 출생 시에 그 차이가 역력하다. 사람의 출생은 당혹함으로 시작되고, 영아(嬰兒)는 자력으로 거의 모든 것이 되지 않고, 그 이후 장기간에 걸쳐 타자(他者)의 원조를 필요로 한다. 그러나 동물에게는 그럴 필요가 전혀 없을 뿐더러, 있다고 해도 거의 단기간에 끝난다. 동물은 자기의 능력을 거의 완성하여 태어나는 데 비해 사람은 생리적으로 조산(早産)이다.

신생아의 대뇌에는 이미 약 140억 개의 뇌세포가 있고, 그것은 체세포처럼 신진대사를 하며, 분열하지 않고 그 수는 죽을 때까지 불변한다고 한다. 그럼에도 불구하고 성장과 더불어 뇌의 무게가 증가해 가는 것은 각 세포에서 늘어나오는 신경섬유가 서로 맥락을 만들고, 여기서 일종의 회로를 형성해 가기 때문이다. 실제 인간의 전인격은 이 회로의 상태가 좋은가에 달려 있다. 하등동물은 이것을 이미 거의 완성하여(포유류까지도 90퍼센트 완성하여) 태어나는 데 비해 사람은 거의 제로인 채로 탄생한다.

그러나 동물처럼 태어나서 곧바로 무엇인가 될 수 있다는 것은 그것밖에 될 수 없다는 것이다. 이렇게 태어나기 때문에 동물 각각의 본능적 행동의 패턴은 고정되어 있다. 꿀벌은 자기가 만든 벌집을 수선하거나 개조하지 못한다.

아주 졸렬한 건축사라고 해도 꿀벌보다 우수하다. 그것은 집을 건축하기 앞서서 이미 그것을 자기의 머릿속에서 건축했기 때문이다.

사람이라면 처음부터 머릿속에 그리는 조감도를 바꿈으로 자기의 작품을 수정할 수 있고, 어떠한 새로운 작품이라도 창조할 수 있는 데 반해 동물은 이같은 조감도가 없기 때문에 불가능하다.

사람에게는 인류의 후천적 능력, 즉 문화 또는 부모의 학력 등이 유전되지 않는다. 그러므로 모든 것은 하나부터 재습득해야 한다. 이같은 과정에 의해서 사람은 동물의 존재를 뛰어넘게 된다.

사람은 삶의 주체이면서, 삶의 과정을 통해서 스스로를 이룩한다. 사람은 삶의 창조자이며 또한 삶의 피조물이다. 이러한 창조와 피조의 얽힘의 관계에 사람과 삶의 영원한 비밀이 있다. 따라서 삶의 문제의 핵심인 '사람이 무엇이냐' 하는 문제를 다루는 것은, 곧 이를 통해서 삶의 비밀을 추구하려는 것이다.

우리는 한 사람의 사람됨을 그의 삶을 통해서만 알 수 있다. 여기에서 '사람됨'이라는 표현은 '사람'이라는 존재가 처음부터 고정적인 모습으로 생겨나는 것이 아니라 그의 삶과 삶을 통해서 스스로를 형성해 가기 때문이다. 사람은 고정적인 불변의 본질을 가지고 있는 것이 아니고 늘 자기를 형성해 가는 과정으로서의 역사적인 존재라는 뜻이다.

이런 뜻에서 야스퍼스(Juspers)는 '사람임'이 아니고 '사람됨'이라고 했다. 말하자면 우리 속담에 '사람이면 다 사람이냐, 사람이 사람다워야 사람이지'라는 말이 있다. 사람은 '되어야 한다'는 것이다. 이것이 바로 '인간형성(人間形成)'이다.

'인간형성'이라는 용어는 교육학, 철학에서 사용된 말이다. 이들 학문에서는 '청년기는 인간형성에 있어서 중요한 시기이다'라고 말한다. 여기서 '인간형성'이라는 말 자체에는 이미 '가치관이 들어 있는 바람직한 도덕적 경향이나 덕성을 갖춘 성격 형성'이라는 의미를 포함하고 있다.

나아가 인간과 교육과의 관계를 극히 명쾌하게 표현한 사람은 칸트(I.Kant)였다. 칸트는 '인간이란 교육받지 않으면 안 되는 유일한 피조물이다', '인간은 교육에 의해서 비로소 인간이 된다'고 말했다.

제 5 장
사람의 '그릇' 넓히기

'사람'이란 무엇인가, 사람을 사람으로서 평등하게 정하고, 사람을 사람으로서 독자의 것으로 단정하는 것은 무엇 때문일까. 그리고 사람 이외의 것으로부터 사람을 구별하는 특질은 어디서 구해야 하는가.

사람의 이름에 알맞게 살고, 생각하고, 행동하고, 만들어내는 조건과 제약은 어디서 구하면 좋을까. 현재에 이르기까지 '사람'은 '사람'이라고 생각해 왔다. 그러므로 앞으로도 '사람'은 '사람'이라고 생각할 것은 틀림없다.

여기서 다시 한 번 '사람은 왜 사는가?'라는 근본적인 문제를 제기하지 않을 수 없다. 이 질문은 과거에도, 지금도 그리고 앞으로도 되풀이될 질문이며 우리의 '삶'이란 질문에 대한 대답이라고 할 수 있다.

우리가 '삶'을 더 높은 목적을 위한 수단에 지나지 않는다고

치고, 배만 부르면 만사가 어떻게 되든 알 바 아니라는 식의 태도를 보인다면 이는 스스로를 동물의 상태로 끌어내리는 것과 마찬가지이다. '위험한 자유'가 '배부른 안정'보다 더 가치 있는 것일까? 자유가 희생된 안정을 누리는 것이 과연 사람다운 삶이라고 할 수 있을까?

리처드 바크(Richatd Bach)가 쓴 《갈매기의 꿈》에 나오는 조나단은 우리에게 좋은 '삶'의 목적을 보여준다. 조나단은 결국 '분별없는 무책임'이라는 죄목으로 추방당지만 "삶을 위한 의미와 더 높은 목적을 추구하는 갈매기보다 더 책임 있는 자가 누가 있겠는가? 수천 년 동안 우리는 물고기 대가리를 찾아다녔지만 그러나 지금 우리는 살 이유를 찾고 있다. 배우고, 발견하고, 자유롭게 될 이유를 가지고 있다"고 외쳤다.

그는 혼자 맹렬히 비행 연습을 한다. 비행 능력과 기술이 나날이 진척된다는 것이 그에게는 유일한 기쁨이다. 위험을 무릅쓰고 날았더니 '그 속도는 힘이었고, 그 속도는 기쁨이었고, 그 속도는 순수한 아름다움'이었다. '가장 높이 나는 갈매기가 가장 멀리 본다는 것'이다.

우리들 한 사람 한 사람은 모두 '사람'이다. '사람이란 것에 대한 마음가짐이나 깨달아 알아냄'도 각자의 몫이다. 여기에 기초를 두고 예부터 '사람'에 대해서 갖가지 논의가 있었고, 또

각종의 '사람됨'이 제시되었다.

물론 지금은 누구 할 것 없이 어느 시대, 어떤 사회라는 잣대로 이루어진 '그릇' 속에 자기를 놓고 생각하게 되었다. 옛날 사람들은 천지만물 사이에 자기를 놓고 보았다. 즉 자연의 품 속에서 자기의 가장 편안한 모습을 생각한 것이다. 그러나 이 제는 '삶'이라는 것에 '자연과 인생'을 놓고 생각했던 일이 옛 것이 되어버렸다.

자연의 에너지가 파괴된 지금, 과학과 기술이라는 장비를 몸에 익힌 현대의 인간이 언제까지나 지상에서 생존을 이어나갈 수 있을까. 자기의 생존을 한순간에 말살할 수 있는 수단을 손에 넣은 현대의 인간, 그 인간의 생존은 무엇에 의해서 확보되고, 무엇에 의해서 확실해질까. 앞날이 불확실한 시대임은 틀림없다.

도대체 '사람이란 무엇에 기초을 두고 있는가'를 생각하면 할수록 일개의 갈매기 조나단이 지적한 높은 '삶'의 목적은 오히려 사람의 마음을 왜소하게 좁히고 있다. 그러므로 요즘처럼 사람됨의 '그릇'이 커야만 하겠다는 시대도 없는 것이다.

사람됨의 '그릇'은 타고난 천품에도 있겠지만 그보다는 후천적으로 그가 겪는 체험이나 철학 등이 합쳐진 '경륜'에 의해서 좌우될 수 있다.

일찍이 공자도 '사람이 길을 넓히는 것이지, 길이 사람을 넓히는 것은 아니다(人道弘道 非道弘人)'라고 했다. 이것은 길 자체가 조화를 부려서 사람을 크게 하며, 위인이 되게 한다고 생각해서는 안 되며, 사람과 길과의 관계는 언제나 사람이 주역이 되고, 길은 조역(助役)이 된다는 것을 의미한다.

미국의 케네디 대통령이 당선되자 맨 먼저 찾아 나선 것이 '새 인물' 찾기였다. 원래 훌륭한 결과는 훌륭한 '사람'으로부터 시작된다고 생각한다. 그만큼 사람됨의 '그릇' 크기는 모든 것의 출발이라고 할 수 있는 것이다.

제 2 부

사람됨의 철학
채근담의 지혜

1. 전편(前篇)

도덕 위에서 이룬 삶은 향기로운 꽃과 같다 / 진실함은 세상을 빛나게 한다 / 진심어린 충고에 귀기울여라 / 세상 일은 마음먹기에 달려 있다 / 마음이 너그러우면 외롭지 않다 / 좋은 것은 나누어라 / 고통은 먼저, 이익은 나중에 즐겨라 / 물러서는 것은 한걸음 나아가기 위함이다 / 남을 꾸짖을 때는 부드럽게 하라 / 욕심을 버리면 당당하다 / 자연에 살더라도 정치에 관심을 가져라 / 진정한 베풂은 남을 빛나게 하는 것이다 / 사물의 이면을 보아야 한다 / 부도덕한 일에 부끄러운 줄을 알아라 / 양보는 잃는 것보다 얻는 것이 크다 / 정의를 따르면 흔들리지 않는다 / 성공과 실패는 한 걸음 차이다 / 속 좁은 마음은 근심을 불러온다 / 상황에 따라 현명하게 대처하라 / 베푼 것은 잊고 받은 것은 갚아라 / 검소한 사람은 여유가 있다 / 배운 것은 써먹어라 / 기쁨과 슬픔은 모두 한 순간일 뿐이다 / 얕은 재주는 사람의 미움을 산다 / 비워야 채울 것이 생긴다 / 악행은 들추고 선행은 감추어라 / 고생 끝에 얻은 것이 진짜 내것이 된다 / 한쪽에 치우치지 않아야 바로 보인다 / 바쁜 와중에도 여유를 잃지 않는다 / 자신을 희생할 때는 의심이 없어야 한다 / 인생은 여행과 같다 / 인생은 후반이 중요하다 / 따뜻한 가정에서 바른 아이가 길러진다 / 맛있기만 한 음식은 몸을 상하게 한다 / 남의 잘못은 너그럽게 잊어라 / 시간은 생명과 같다 / 때론 밥 한 술의 베풂도 은혜가 된다 / 뛰어난 재능은 적당히 감추어야 한다 / 편안할 때 나중을 염려해라 / 평범함 속에 위대함이 있다 / 오만함은 좋은 것을 멀어지게 한다 / 때로는 알면서도 속아주어라 / 미리 넘겨짚어 앞서 가지 마라 / 저절로 얻어지는 것은 없다 / 아름다움은 세상이 저절로 알아준다 / 가까운 사람이 더 질투한다 / 덕은 없으면서 재능이 있는 사람은 위험하다 / 실수는 내 탓, 공은 네 탓이라 여겨라 / 자신을 돌아보는 시간은 한밤중이 좋다 / 문제점은 나에게서 찾아라 / 사람의 원칙과 신념은 언행으로 드러난다 / 괴로움을 제거하면 즐거움이 저절로 온다 / 작은 일이라도 의미가 있다 / 의심이 많은 것은 자신이 남을 속이기 때문이다 / 벗과 노인은 늘 극진히 대접하라 / 남에게는 장점을 보고, 내게서는 단점을 보라 / 기이함과 이상함을 구분하라 / 엄격으로 시작해 너그러움으로 맺어라 / 일단 시작한 일이라면 이익은 잊어라 / 자신을 포장하는 것은 남을 속이는 것이다 / 먼저 따뜻한 사람이 되어주어라 / 소소한 일부터 마음을 다해라 / 지금 부유할지라도 가난의 고통을 생각하라 / 강철은 오랜 단련으로 탄생한다 / 타인의 아첨을 경계하라 / 초년의 고생은 마음의 재산이다 / 냉철한 안목을 길러라 / 공을 들여야 원하는 것을 얻는다 / 각박함과 넘치는 것을 경계하라 / 세상에 나보다 못한 사람은 없다 / 기분에 따라 행동하면 실수가 많다 / 이중간한 사람은 다스리기가 어렵다 / 입을 탓하기 전에 생각부터 단속하라 / 남의 허물을 이해하면 타인의 존중을 받는다 / 청춘은 짧고 좋은 경치는 오래가지 못한다

I.
도덕 위에서 이룬 삶은 향기로운 꽃과 같다

사람의 도리에는 한 때의 불편이 따르지만
부와 권력에는 평생의 근심이 드리운다.

사람의 도리를 지키며 덕을 베푸는 사람은

한때 외롭고 쓸쓸할 뿐이지만,

힘과 재물에만 의지하는 사람은 영원히 불쌍하다.

세상의 이치를 깨달은 사람은

눈에 보이지 않는 사물의 이치를 관찰하여

힘이나 재물 이외의 진리를 생각하고,

현세의 삶보다 다시 태어날 후세의 삶을 생각한다.

그렇기 때문에 차라리 한때의 외로움과 쓸쓸함을 견딜지언정

영원히 불쌍해지는 것을 선택하지는 않는다.

棲守道德者(서수도덕자)는 寂寞一時(적막일시)나
依阿權勢者(의아권세자)는 凄涼萬古(처량만고)라.
達人(달인)은 觀物外之物(관물외지물)하고 思身後之身(사신후지신)하니
寧受一時之寂寞(영수일시지적막)이언정 毋取萬古之凄涼(무취만고지처량)하라.
(前 1)

역사적으로 도덕적 규범을 지키며 살았던 고결한 인물들은 쓸쓸한 삶을 걸었다. 누추한 골목에서 가난하게 지내며 도시락밥을 먹고 표주박 물을 마시면서도 그 즐거움을 바꾸지 않았던 안회(顏回), 쫓겨난 신세가 되어 멱라강(汨羅江)에 몸을 던져 스스로 목숨을 끊었던 굴원(屈原), 절개를 지키며 양을 쳤던 소무(蘇武), 절개를 굽히지 않고 금(金)나라에 항거하며 풍파정(風波亭)에 피를 뿌렸던 악비(岳飛) 같은 인물이 그러했다.

그들은 순조롭게 인생의 뜻을 이루지는 못했지만 높은 도덕성을 지녔던 인물로, 그들의 인격적 매력은 오랜 세월 동안 기억되고 있다.

반대로 조고(趙高)나 진회(秦檜) 같은 부류는 살아서는 양지만을 찾고 권세에 빌붙어 온갖 부귀영화를 다 누렸지만 미처 세상이 바뀌기도 전에 역사의 심판대에 올라 사람들의 손가락질을 받았다.

도덕 위에서 이루어진 영예와 부귀는 마치 숲속에 흐드러지게 피어나는 꽃과 같아서 권세에 빌붙어 얻어낸 부귀와 영화는 도저히 미칠 수가 없다.

2
진실함은 세상을 빛나게 한다

마음에는 꾸밈이 없어야 하고
재능에는 뽐냄이 없어야 한다.

군자의 마음은 꾸밈이 없으니
푸른 하늘과 밝은 태양처럼 누구나 그 속을 알 수 있다.
그러나 군자는 자신의 재능을 금은보석처럼 깊이 감추어
다른 사람이 쉽게 알아차릴 수 없게 해야 한다.

君子之心事(군자지심사)는 天靑日白(천청일백)하여
不可使人不知(불가사인부지)요.
君子之才(군자지재) 華(화)는 玉韞珠藏(옥온주장)하여
不可使人易知(불가사인이지)라.
(前 3)

마음을 편안하게 하는 것은 행복의 기본이며, 재주를 감추는 것은 살아가는 지혜이다. 마음가짐이 편안한 사람은 그 사람됨이 밝은 빛처럼 빛나며, 여기에 진실함을 겸비한 사람은 남에게도 진실하게 대함으로써 세상을 빛나게 한다.

　　교육자인 타오싱즈는 일찍이 펑라오징이라는 찐빵가게 주인에게 '평범하면서도 위대하다'고 칭송한 적이 있다. 그는 도금한 팔찌를 전당포에 맡겼었는데 돈을 갚으면서 진짜 팔찌로 돌려 받자 이내 전당포로 달려가 돌려준 적이 있었다. 이에 사람들은 펑라오징이 진실한 사람이라는 것을 알게 되어 그의 가게에서 찐빵을 사먹었다. 가게는 크게 번창하였다.

　　마음가짐이 편안한 사람은 조화로운 인간관계를 가질 수 있고, 이는 성공의 토대가 된다. 그러나 성공을 바란다면 '봉망필로(鋒忘畢露)'를 피해야 한다. '봉망필로'는 '자기 재주를 모두 드러낸다'는 의미이다. '봉망'의 본래 의미는 '칼끝'이라는 뜻인데, 사림이 드러내는 재주를 의미한다. '봉망'을 갖는다는 것은 좋은 것이다. 그러나 '봉망'은 남을 해칠 수도 있고, 자신을 해칠 수도 있기 때문에 조심스럽게 사용해야 한다. 혹여 자기 재주를 너무 드러내 남의 질투와 원한을 사 실패를 초래할 수 있기 때문이다. 재주를 감춘다는 것은 영원히 감춘다는 의미는 아니다. 때가 되면 움직이는 것이다. 때가 되었을 때 지혜를 발휘하여 큰일을 하는 것이다.

43

3.
진심어린 충고에 귀기울여라

쓴 소리는 마음의 녹을 벗기는 숫돌이고
아첨하는 소리는 마음을 미혹하는 독주이다.

항상 귀에 거슬리는 말만 들리고

마음에 거리끼는 일만 있다면,

이것은 덕을 쌓고 수양하는 데 숫돌의 역할을 한다.

만일 귀를 즐겁게 하는 말만 들리고,

하는 일마다 즐겁다면

자신을 독주에 빠져들게 한다.

耳中(이중)에 常聞逆耳之言(상문역이지언)하고
心中(심중)에 常有佛心之事(상유불심지사)하면
纔是進德修行的砥石(재시진덕수행적지석)이라
若言言悅耳(약언언열이)하고 事事快心(사사쾌심)이면
便把此生(변파차생)을 埋在鴆毒中矣(매재짐독중의)라.
(前 5)

『공자가어(孔子家語)』에 '좋은 약은 입에는 쓰지만 병에는 이롭고, 진정 어린 말은 귀에는 거슬리지만 행동에는 이롭다'고 하였다. 이는 사람들이 흔히 쓰는 말로 그 이치는 쉽게 드러난다. 하지만 사람들은 흔히 과장하고 떠받드는 말만 좋아할 뿐이다. 남들이 치켜세우면 으쓱하는 것이다. 반대로 귀에 거슬리는 진정어린 충고는 듣기만 해도 바늘방석에 앉은 것 같아 심지어 발끈 화를 내기도 한다.

막다른 골목에 내몰린 곽국(郭國) 임금의 이야기가 떠오른다. 곽국 임금은 도망치면서도 여전히 자신을 치켜세우고 떠받드는 말만 듣기 좋아하는 나쁜 버릇을 고치지 못했다. 수레를 몰던 하인이 그에게 '몸을 피하게 된 것은 임금은 덕이 있지만 세상 사람들이 부덕하기 때문'이라고 하자, 곽국 임금은 무척 기뻐하였다. 그는 수레에 앉은 채 미소를 머금고 단잠에 빠졌고, 그 사이에 하인은 몰래 달아나 버렸다. 결국 곽국 임금은 들판에서 죽고 말았다. 이런 사람은 얼마나 유치하고 또 무지한가! 그의 가련한 최후는 결코 우연이 아닌 것이다.

귀에 거슬리는 진심 어린 충고를 들으면서 뜻대로 풀리지 않는 자신을 생각한다면 사람은 한층 성숙하게 된다. 듣고 생각하는 사이에 자신의 결점과 잘못을 깨닫고, 나아가 자신의 생각과 행동을 고치는 것이다. 사람은 부단히 자신의 잘못과 부족한 점을 바로잡는 가운데 성장한다.

4.

세상 일은 마음먹기에 달려 있다

온화한 기운은 초목을 자라게 하고
따뜻한 인심은 사람을 모이게 한다.

거센 바람과 성난 비에 온갖 새와 짐승은 모두 몸을 사린다.
맑은 태양과 따뜻한 바람에는 풀과 나무도 기뻐한다.
하늘과 땅의 따뜻한 기운이 없다면
이 세상이 하루도 존재하지 못하는 것처럼
사람의 마음에도 하루라도 기쁨이 없어서는 안 된다.

疾風怒雨(질풍노우)엔 禽鳥戚戚(금조척척)하고
霽日光風(제일광풍)엔 草木欣欣(초목흔흔)하니
可見天地(가견천지)에 不可一日無和氣(불가일일무화기)요
人心(인심)에 不可一日無喜神(불가일일무희신)이라.
(前 6)

나폴레옹 히어는 '당신이 행복하다고 느낀다면 당신은 행복함에 틀림없다'고 하였다. 환경은 마음에서 비롯되는 것이다. 세상 만물은 항상 마음에 따라 움직인다.

무척 화가 났을 때는 만사가 짜증스럽다. 비관하고 실의에 빠졌을 때는 만사가 서글프다. 기뻐하며 웃을 때는 만사가 기쁘고 즐겁다.

어떤 이는 '당신의 마음이 당신의 진정한 주인이다'라고 하였다. 또 어떤이는 '만약 당신이 생명을 부리려고 한다면, 생명이 오히려 당신을 부릴 것이다. 당신의 마음가짐이 누가 말이 되고 누가 기수가 될지를 결정하는 것이다'라고 하였다.

마음이 너그러우면 외롭지 않다

마음의 길을 좁히면 세상의 불평이 몰려들고
마음의 길을 넓히면 세상의 인심이 굴복한다.

살아 있을 때 마음을 넓게 하여
다른 사람의 불평을 듣지 않아야 한다.
죽은 뒤의 은혜는 길게 이어지게 하여
사람들이 부족하다는 생각을 하지 않게 해야 한다.

面前的田地(면전적전지)는 要放得寬(요방득관)하여
使人無不平之歎(사인무불평지탄)하고,
身後的惠澤(신후적혜택)은 要流得久(요류득구)하여
使人有不匱之思(사인유불궤지사)하라.
(前 12)

강과 바다가 수많은 개울물의 왕자(王者)가 될 수 있는 것은 겸손한 지위에 있기 때문이다.

넓어야만 사람을 포용할 수 있고, 두터워야만 만물을 실을 수 있다.

군자는 남이 이르지 못하는 것을 나무라지 않고, 남이 하지 못하는 것을 억지로 하지 않으며, 남이 좋아하지 않는 것으로 괴롭히지 않는다.

사회 생활에 있어서 넓은 아량과 깊은 속내는 꼭 필요한 것이다. 사람은 남을 너그럽게 대해야 한다. 반대로 남을 적대시하고 경계하는 편협한 사람은 외로움 때문에 우울함에 빠져들고 또 남의 원한을 사게 된다. 그러나 너그럽게 남을 대한다면 남과 다투지 않을 것이고, 남과 다투지 않는다면 화가 초래되지 않을 것이다.

남과 다투지 않는 사람은 남의 이익을 생각할 줄 알기에 늘 남에게 도움이 되는 일을 하려고 한다. 그런 사람은 그 마음이 오래 전해지면서 사람들의 사랑과 존경을 받을 것이다.

6.
좋은 것은 나누어라

양보는 나를 지키는 튼튼한 갑옷이고
자선은 세상을 구하는 훌륭한 보약이다.

좁은 길에서는 한 걸음 양보하여
상대방을 먼저 지나가게 하라.
맛있는 음식이 있으면 다른 사람에게 나누어 주고
함께 즐겨라.
이것이 바로 세상을 가장 편안하게 살아가는 방법 중
하나이다.

徑路窄處(경로착처)엔 留一步(유일보)하여 與人行(여인행)하고,
滋味濃的(자미농적)은 減三分(감삼분)하여 讓人嗜(양인기)하라.
此是涉世(차시섭세)의 一極安樂法(일극안락법)이니라.

(前 13)

지혜는 보석이다. 겸손하게 가장자리에 박아 넣는다면 더욱 빛
날 것이다.

막심 고리키의 말이다. 겸양은 분명 사람의 미덕이다.
겸양은 위험을 불러들이지 않으며, 편안하고 즐거움을 얻
는 효과적인 방법이다.
산간 오솔길에서 마주친 두 사람이 양보하지 않고 서로 먼
저 지나가려 한다면 계곡으로 떨어질 수도 있다. 자신의 발걸
음을 멈추고 남을 먼저 지나가게 한다면 예의 있는 것일 뿐 아
니라 위험도 없앨 수 있다.
좋은 술과 안주를 혼자만 즐긴다면 남들이 시기하게 될 것
이다. 남을 배려한다면 좋은 관계를 맺을 수 있고, 위험에 빠
졌을 때 도움을 받을 수 있다.
이기적으로 사는 사람은 될 일도 안된다. 원칙을 견지하는
것을 제외하고는 사소한 일이나 개인적 이해는 양보하는 것이
자신의 마음을 즐겁게 하고 원만한 인간 관계를 만든다. 모든
사람이 겸양할 수 있다면 다툼은 더 이상 존재하지 않을 것이
며 어디나 웃음소리로 가득할 것이다.

7

고통은 먼저, 이익은 나중에 즐겨라

이익을 취하는 일에 남보다 앞서지 말고
덕을 베푸는 일에 남보다 뒤지지 말라.

은혜와 이익을 취하는 일에 남보다 앞서지 말고,
덕을 베풀고 업적을 세우는 데는 남보다 뒤지지 말라.
남에게 받는 것은 분수에 넘치지 않아야 하고,
자신을 수양할 때는 본분을 줄이지 말라.

寵利(총리)엔 毋居人前(무거인전)하고 德業(덕업)엔 毋落人後(무락인후)하라
受享(수향)엔 毋踰分外(무유분외)하고 修爲(수위)엔 毋減分中(무감분중)하라.
(前 16)

북송의 범중엄은 '세상의 근심은 남보다 먼저 근심하고, 세상의 즐거움은 남보다 나중에 즐긴다'고 하였다. 이는 전통적인 인생관을 표현한 것으로, 오랜 세월 동안 사람들이 추구해 온 완벽한 도덕의 표준이 되어왔다.

중국 역사속의 대우(大禹)는 30년의 세월에 걸쳐 갖은 고생을 겪으며 치수(治水)하는 동안 세 차례나 자기 집 문 앞을 지나가면서도 집에 들르지 않았다. 그의 고통을 이겨내는 인내심과 멸사봉공의 정신은 아름다운 이야기로 길이 전해 온다.

이익은 남보다 먼저 추구하지 않고, 덕성의 수양은 남에게 뒤지지 않는 것은 '고통은 남보다 먼저 하고, 향락은 남보다 나중에 하는' 것이다. 이처럼 즐거움은 남에게 넘기고 자신은 고통을 겪겠다는 정신은 고상한 도덕심의 구체적인 표현이다.

변증법적 관점에서 본다면, 괴로움과 즐거움은 상호 모순적이면서 상호 의존적이다. 즐거움의 결과는 괴로움이고, 괴로움의 결과는 즐거움이나. 괴로움과 즐거움이 순환하는 것은 자연의 법칙이다. 고통을 감내하지 못하는 사람은 성공할 수 없다. 고진감래라고 하지 않았던가!

고통을 견뎌내고 명리와 향락을 추구하지 않으며, 항상 덕을 수양하여 남에게 도움을 주는 사람이 되어야만 정신은 충만하고 심신은 유쾌할 수 있다.

8

물러서는 것은 한걸음 나아가기 위함이다

양보하는 길이 자신을 높이는 길이고
남을 위한 일이 곧 자신을 위한 일이다.

세상을 살면서 한 걸음 양보하면 자신을 높일 수 있으니,
이는 한 걸음 물러섬이 곧 한 걸음 앞으로 나아갈 수 있는
발판이 되는 것과 같다.
남에게 너그럽게 대하는 것이 복이 되는 이유는
남을 이롭게 함이 곧 자신을 이롭게 하는
근본이 되기 때문이다.

處世(처세)엔 讓一步爲高(양일보위고)이니
退步(퇴보)는 卽進步的張本(즉진보적장본)이요.
待人(대인)엔 寬一分是福(관일분시복)이니
利人(이인)은 實利己的根基(실리기적근기)니라.
(前 17)

한 걸음 양보하는 것은 결코 나약한 것이 아니다. 이는 겸허의 미덕이며, 남을 위하는 정신이다. 청나라 때의 학자 장부(張英)는 이런 시를 남겼다.

천릿길 집안의 편지가 단지 담장 때문이라니
세 자를 더 양보한들 무슨 문제가 되겠는가?
만리장성은 지금도 남아 있건만
장성을 쌓은 진시황은 어디로 가버렸는가?

장부의 어머니가 그 의미를 깨닫고 담장을 세 자 뒤로 물리려고 하자, 평소 다투던 이웃도 부끄러워하며 자기 집 담장을 세 자 뒤로 물렸다고 한다. 이때 생긴 '육척항(6자 골목, 六尺巷)'은 지금까지 잘 보존되어 안후이성(安徽省) 퉁청(桐城)의 명소가 되었다. 장부가 담장을 물린 이야기는 자신과 남에게 여지를 더해주고, 이웃과의 관계에 있어서 겸양과 조화를 깨닫게 해준다.

어떤 일에 부딪쳐 한 걸음 물러나면 한 걸음 나아갈 여지를 갖게 되고, 사람을 응대함에 있어서 한 걸음 양보하면 남도 나를 너그럽게 대할 것이다. 남과 더불어 편안하고 자신과 더불어 편안한 것은 모두 즐거운 것이다.

9.
남을 꾸짖을 때는 부드럽게 하라

허물을 꾸짖을 때 너무 엄격하지 말고
선을 가르칠 때 너무 고상하게 하지 말라.

남의 허물을 꾸짖을 때 너무 엄격하게 나무라지 말고,
그 사람이 감당할 수 있을지 생각해야 한다.
남에게 선을 베풀 때 지나치게 고상하게 행동하지 말고,
그 사람이 따를 수 있도록 해야 한다.

功人之惡(공인지악)은 毋太嚴(무태엄)하고 要思其堪受(요사기감수)하라.
教人以善(교인이선)은 毋過高(무과고)하고 當使基可從(당사기가종)하라.
(前 23)

56

사람은 누구나 칭찬 받고 자신을 치켜세우길 바란다. 비판은 사람을 난처하게 만든다. 하지만 누군들 결점이 없겠는가? 만약 남의 잘못을 보고도 지적할 수 없거나 심지어 비위를 맞춰야 한다면 얼마나 난감하겠는가.

그러므로 말하기도 어렵고 모른 체하기도 어려운 상황이라면 적당한 비판의 기술이 필요하다. 시간, 장소, 대상 등 여러 가지를 고려하여야 하지만 중요한 것은 상대의 자존심을 세우고 최대한 상대에게 손상을 주지 말아야 한다는 것이다.

살다보면 흔히 이런 상황에 흔히 부딪친다. 상사는 때와 장소를 가리지 않고 큰 소리로 부하 직원을 나무람으로써 자신의 권위를 세울 수 있다고 여기고, 부모가 자식의 마음은 아랑곳하지 않고 꾸짖으면서 그것이 아이에 대한 사랑이라고 여긴다. 사실 이런 식으로 비판하는 것은 흔히 기대와 다른 결과를 가져온다. 상대방은 자신의 잘못임을 인정할지라도 억지를 부리거나 피해버리게 될 것이다.

만약 '남을 공격하되 지나치게 엄격하게 하지 않고, 남을 가르치되 너무 높게 가르치지 않는다'는 것을 기억하면서 개인적 의견을 교환하고, 완곡하게 자기 생각을 표현하고, 함께 머리를 맞대고 사리를 따지고, 이해를 헤아려 좋은 방향으로 유도한다면 상대는 진정으로 당신의 비판과 조언을 받아들일 것이다.

10.
욕심을 버리면 당당하다

객기는 자신의 잠재력을 태우는 불장난이고
망상은 자신의 미래를 익사시키는 수렁이다.

고상함을 뽐내고 오만하게 구는 것은 모두 객기이다.

객기를 물리쳐야 바른 기운이 자랄 수 있다.

정욕과 의식적인 생각은 모두 망령된 마음에서 비롯된다.

망령된 마음을 물리쳐야 진심이 나타난다.

矜高倨傲(긍고거오)는 無非客氣(무비객기)니

降伏得客氣下而後(항복득객기하이후)에 正氣伸(정기신)하며,

情欲意識(정욕의식)은 盡屬妄心(진속망심)하니

消殺得妄心盡而後(소쇄득망심진이후)에 眞心現(진심현)이라.

(前 25)

사회에서 사람은 정기로 기골의 주인을 삼는다. 정기는 천지 지간에 있어서 가장 크고 강한 기운이기 때문이다. 이것이 맹자가 말한 호연지기(浩然之氣)이다.

정기를 지닌 사람은 절개를 중요하게 여긴다. 예로부터 호연지기를 지닌 인물은 하늘의 별처럼 빛났다. 그들의 사람됨은 당당하여 국가와 민족을 위하여 힘을 북돋우고, 그들의 언행은 해와 달과 빛을 다투어 천고에 길이 빛나며 숱한 사람들을 가르치고 격려한다.

임칙서(林則徐)는 호연지기를 지닌 상징적인 선비이다. 그는 일찍이 '바다가 온갖 물줄기를 받아들이는 것은 거대한 포용력을 지녔기 때문이다'라고 하고, 또 '진실로 국가를 위하여 살고 죽는다면, 어찌 화복(禍福) 때문에 피할 수 있겠는가?'라고 하였다. 이 모두는 욕심이 없으면 강해진다는 그의 넓은 도량을 보여주는 말이다. 일체의 개인적 욕심을 막으면 강직하고 당당해진다. 이는 바로 호연지기를 지닌 사람의 모습인 것이다.

호연지기는 사람이 지녀야 할 근본이다. 호연지기는 교만한 마음을 눌러 없앰으로써 자신의 본성을 드러내어 본래의 자아를 되찾게 만든다.

11.
자연에 살더라도 정치에 관심을 가져라

높은 곳에 있으면 욕심을 줄이기 어렵고
낮은 곳에 있으면 높은 뜻을 품기 어렵다.

높은 관직에 있더라도

자연에 묻혀 사는 풍취를 지녀야 하고,

자연에 묻혀 있어도

국가에 대한 경륜을 품어야 한다.

居軒冕之中(거헌면지중)이나 不可無山林的氣味(불가무산림적기미)요,
處林泉之下(처림천지)나 須要懷廊廟的經綸(수요회랑묘적경륜)이라.
(前 27)

중국의 고대 지식인들은 유가와 도가 사상의 영향을 크게 받았다. 이는 인생을 대하는 태도에서 잘 나타난다. 하나는 세상에 나아가는 것이다. 세상에 나아가 번잡한 일에 시달리면 잠시의 한가함도 얻지 못한다. 바쁜 가운데서도 자연으로 들어가 산림에 은둔하는 정취를 맛본다면 명예와 이익을 얻으려는 마음은 좀 담담해질 것이다. 또 하나는 세상을 피하는 것이다. 강호에 몸을 감추고 세상 일은 듣지도 묻지도 않는다. 몸과 마음을 수양하는 것이라고 하지만 사실 이는 책임을 회피하는 것이다. 산림에 은둔하면서도 국가의 흥망에 관련된 중대한 일에 관심을 갖는다면, 자신의 의지를 연마하여 장차 산림에서 벗어나 큰일을 할 수 있을 것이다.

세상에 나아간다는 것은 번잡한 가운데서도 담박함을 생각해야한다는 것이고, 세상을 도피한다는 것은 담박하게 지내는 중에서도 청운의 뜻을 잃지 말아야 하는 것이다. 세상에 나아가든 도피하든 국가의 중대사를 잊어서는 안 된다.

현대인들의 주권의식은 날로 높아지고 있다. 사람들의 요구 방식 역시 다양하다. '자연에 뜻을 두고서도 나라를 걱정한다'는 말이 구호에 그쳐서는 안 된다. 반드시 행동이 따라야 한다. 사회의 발전은 사회를 벗어나 개인의 작은 세상에 자신을 묶어두는 것을 허용하지 않는다. 세상의 흥망은 우리 모두와 관계되는 것이다.

12.
진정한 베풂은 남을 빛나게 하는 것이다

잘못이 없으면 그것이 성공이고
원망이 없으면 그것이 덕이다.

세상을 살면서 성공만 좇지 마라.

잘못이 없으면 그것이 바로 성공이다.

남이 나의 덕에 감격하기를 바라지 마라.

원망이 없으면 그것이 바로 덕이다.

處世(처세)에 不必邀功(불필요공)하라.

無過(무과)면 便是功(변시공)이라.

與人(여인)에 不求感德(불구감덕)하라.

無怨(무원)이면 便是德(변시덕)이라.

(前 28)

공이 있으면 상을 받아야 하고, 남을 도왔으면 보답이 있어야 한다고 여기는 것은 잘못된 생각이다. 은혜를 베풀고 보답을 바라는 것은 베풂이 아니라 탐욕과 같은 것이다. 진정한 베풂은 작은 은혜를 베푸는 것이 아니라 완전한 자기희생이다. 진정한 베풂은 자신을 희생하여 남을 빛내는 것이다. 많이 봉사하고 적게 요구하는 것이다. 내게 해당되지 않는 것을 바라거나 연연하지 않고 자연의 섭리에 따르는 것이다. 억지로 추구하면 정반대로 되어버린다. 노자는 이렇게 말했다.

자신을 남의 뒤에 머물게 하지만 반대로 남보다 앞에 거처할 수 있고, 밖으로 자신의 이익을 잊고 자신을 돌아보지 않지만 오히려 그 자신이 세상에 존재할 수 있는 것이다. 이것은 그가 사사로운 욕심이 없고 남으로 하여금 좋은 자리를 얻을 수 있게 하기 때문이 아니겠는가? 그렇기에 거꾸로 자신의 커다란 사사로움을 이룬다.

성공을 바라지 않으면 자아를 지키고 공명이록에 현혹되지 않기 때문에 남에 대한 봉사를 숭고하게 추구할 수 있다. 이런 사람은 보답을 받게 된다.

13

사물의 이면을 보아야 한다

높은 곳에 오르면 위태로움을 알게 되고
말이 적으면 시끄러움의 문제점을 알게 된다.

낮은 곳에 살아 본 후에야

높은 곳에 오르는 일이 위태로움을 알게 된다.

어두운 곳에 처해 본 후에야

밝은 곳을 향할 때는 눈부심을 알게 된다.

고요함을 지켜 본 후에야

분주한 움직임이 헛수고임을 알게 된다.

침묵해 본 후에야

말 많은 것이 시끄러움을 알게 된다.

居卑而後(거비이후)에 知登高之爲危(지등고지위위)하고
處晦而後(처회이후)에 知向明之太露(지향명지태로)하며,
守靜而後(수정이후)에 知好動之過勞(지호동지과로)하고
養默而後(양묵이후)에 知多言之爲躁(지다언지위조)니라.
(前 32)

높음과 낮음, 어두움과 밝음, 고요함과 움직임, 침묵과 말 많음은 상대적이면서도 통합적이다. 이는 사물의 서로 다른 측면이다. 사람들은 대개 자신의 입장에서 문제를 생각하고, 자신과 대립적인 측면에서 비교 관찰하는 것에는 서투르다. 이렇게 되면 자신이 처한 환경의 우열을 인식하기가 어렵다.

　　하루 종일 할 일이 없는 사람이 자신도 모르게 무언가를 한다면, 거기에 진정한 일하는 즐거움이 있다. 하루 종일 바쁜 사람이 잠시 여유를 즐긴다면, 거기에 진정한 여유의 즐거움이 있다.

　　행복한 속에서 지난날 겪었던 고통을 생각한다면 행복이 행복인 줄을 모르는 지경에 빠지지는 않는다. 높은 지위에 있으면서 하층민들의 삶을 생각할 수 있다면 교만해지지 않을 것이다.

14.
부도덕한 일에 부끄러운 줄을 알아라

공명을 좇는 자는 오히려 이름을 더럽히고
사심 없이 애쓰는 자는 절로 향기로운 이름을 얻는다.

부귀공명에 대한 욕심을 버려야
용렬함에서 벗어날 수 있고,
인의와 도덕에 대한 구속에서 벗어나야
비로소 성인의 경지에 들어설 수 있다.

放得功名富貴之心下(방득공명부귀지심하)라야 便可脫凡(변가탈범)하고,
放得道德仁義之心下(방득도덕인의지심하)라야 緯可入聖(재가입성)이니라.
(前 33)

무언가를 추구한다는 것은 고상한 행위이다. 합법적으로 재물을 모아 자신의 토대를 쌓고 또 사회에 도움을 준다면, 이는 훌륭한 일이다. 업적을 쌓아 지위가 오르고 권력을 잡아 국가와 국민을 위하여 공헌한다면 이 또한 훌륭한 일이다.

그러나 극단으로 내달아서는 안 된다. 공명이록을 위하여 수단을 가리지 않고 부도덕한 행위를 저지른다면 자신도 모르게 부끄러움을 모르는 마음을 갖게 된다.

인의와 도덕 역시 무척 중요한 것이다. 누군가 인의와 도덕을 내팽개쳐 버린다면 사람들은 분명 그를 인간성을 잃어버린 금수 같은 존재라고 욕할 것이다. 그러나 인의와 도덕에 지나치게 매달려 오직 남의 칭송만을 기대하면서 인의와 도덕을 떠벌린다면, 이는 오히려 거짓 군자인 것이다.

마음을 버려야 범속함을 벗어나 성인의 경지에 들 수 있다. 모든 일에 있어서 극단으로 치닫지 말고, 자신의 순박한 본성에 기대야만 수확이 있고 범속함을 벗어날 수 있다.

15.

양보는 잃는 것보다 얻는 것이 크다

한 걸음 물러서면 두 걸음 내밀 자리가 나고
적은 공을 양보하면 큰 공을 얻을 기회가 생긴다.

사람의 마음은 끊임없이 변하고
인생의 여정은 매우 험난하다.
가다가 힘들면 한 걸음 물러설 줄 알고
쉽게 갈 수 있는 곳에서는
공을 양보할 줄 알아야 한다.

人情(인정)은 反復(반복)하며 世路(세로)는 崎嶇(기구)라.
行不去處(행불거처)엔 須知退一步之法(수지퇴일보지법)하고,
行得去處(행득거처)엔 務加讓三分之功(무가양삼분지공)하라.
(前 35)

사람은 겸양할 줄 알아야 한다. 아무데서나 이기려고 해서는 안 되며, 모든 일에서 두각을 나타내려고 해서도 안 된다.

　한순간의 격랑이 가라앉기를 기다리고, 가없이 넓은 곳에서 한 걸음 물러서야 한다.

물러남은 매우 현명한 처세 방식이다. 좁은 길에서는 멈추어 서서 남이 먼저 지나가게 해야 한다. 이런 마음이 있다면 삶은 편안할 것이다.

양보는 겉으로는 손해처럼 보인다. 그러나 양보를 통해 얻어지는 것은 잃는 것보다 반드시 크다. 이는 일종의 노련함이다. 물러섬으로써 나아가는 방법이다.

속담에 '인정이 뒤바뀌는 것은 몰아치는 물결과도 같다'고 했다. 오늘의 동지가 내일은 원수가 될 수도 있다. 오늘의 적이 내일의 친구가 될지도 모른다. 세상일은 험난한 길처럼 곳곳에 어려움이 도사리고 있다.

넓은 길에서도 남에게 조금 양보하라. 이는 남을 배려하는 동시에 자신을 위하는 것이다. 친구 한 사람을 늘리고 길을 하나 보태는 것이다.

16.
정의를 따르면 흔들리지 않는다

재산을 자랑하면 인자한지를 묻고
권세를 내세우면 의로운지를 묻는다.

상대가 부를 내세우면 나는 인을 내세우고,

상대가 지위를 내세우면 나는 의로움을 내세운다.

자고로 군자는 지위에 농락되지 않는다.

사람은 반드시 하늘을 이길 수 있고,

뜻을 하나로 모으면 기질을 바꿀 수 있다.

때문에 군자는 조물주의 틀 속에 갇히지 않는다.

彼富(피부)면 我仁(아인)이요, 彼爵(피작)이면 我義(아의)라.
君子(군자)는 固不爲君相所牢籠(고불위군상소뇌롱)이라.
人定(인정)하면 勝天(승천)하고 志一(지일)하면 動氣(동기)라.
君子(군자)는 亦不受造物之陶鑄(역불수조물지도주)라.
(前 42)

소탈한 사람은 흔들리지 않는다. 남들이 부유하면 나는 어진 덕성을 지키고, 남이 지위가 높으면 나는 정의를 지킨다.

맹자는 이렇게 말했다.

세상의 너른 곳에 거처하고, 세상의 바른 자리에 서며, 세상의 큰 도리를 행한다. 뜻을 얻으면 백성들과 함께하고, 뜻을 얻지 못하면 홀로 자신을 착하게 한다. 부귀하더라도 방탕에 빠지지 않고, 빈천하더라도 뜻을 바꾸지 않으며, 위협에도 뜻을 굽히지 않는다.

부귀와 명리에 유혹되지 않는 것은 군자의 고상한 절개이다. 사람이 자신의 인격과 원대한 이상을 지킬 수 있다면, 세상사에 초연할 수 있으며 어떤 권세로도 뜻을 꺾지 못한다. 불가에서 말하는 '일체는 마음이 만드는 것이라서 자신의 힘으로 만들어 내는 것이지 다른 힘이 아니다'라는 말과 같은 것이다. 일체는 모두가 자신이 만드는 것이지 결코 외부의 힘에 좌우되는 것이 아니다. 자아를 통제하면 외부의 힘은 어떤 역할도 미칠 수 없다.

대의를 따르고 자아를 지켜라. 원대한 일을 하는 사람은 자신의 의지를 단련하고 도량을 키우고 인격을 창조한다. 사람이 힘을 모으면 하늘도 이길 수 있는 것이다.

17.
성공과 실패는 한 걸음 차이다

뜻을 세울 때는 한 걸음 높이 서고
행동으로 옮길 때는 한 걸음 물러서라.

뜻을 세울 때는 남보다 한 걸음 높이 서라.

그렇지 않으면 먼지 속에서 옷을 털고

진흙탕 속에서 발을 씻는 것과 같으니,

어떻게 남을 뛰어넘을 수 있겠는가!

세상을 살면서 한 걸음 물러 서라.

그렇지 않으면 마치 불나방이 등불에 뛰어들고

숫양이 울타리를 들이받는 것과 같으니,

어떻게 평온할 수 있겠는가!

立身(입신)에 不高一步立(불고일보립)하면 如塵裡(여진리)에 振衣(진의)하며
泥中(니중)에 濯足(탁족)하니 如何超達(여하초달)이리오?
處世(처세)에 不退一步處(불퇴일보처)하면 如飛蛾(여비아)가 投燭(투촉)하며
羝羊(저양)이 觸藩(촉번)이니 如何安樂(여하안락)이리오?
(前 43)

원대한 뜻을 품고 남보다 한 걸음 높이 자신을 세워야 눈앞 사물의 한계를 넘어설 수 있다. 그렇지 않으면 자욱한 먼지 속에서 옷을 터는 것과 같고, 진흙탕에서 발을 씻는 것과 같다.

역사적으로 성공한 사람과 실패한 사람은 한 걸음의 차이일 뿐이다. 한 걸음 높게 추구하면 생활 속의 강자, 경쟁 속의 승리자가 될 수 있다.

봉기의 깃발을 높이 올렸던 진승(陳勝)은 '아! 참새가 어찌 홍학의 뜻을 알겠는가!'라고 탄식하였다. 천하에 명성을 떨친 반초(班超)는 '졸렬한 소인배가 어찌 장사의 속내를 알겠는가!'라고 하였다.

한 걸음 높이 몸을 세운다면 세상에 이름을 드날릴 것이며, 힘은 남아도 마음이 부족한 지경에는 이르지 않을 것이다. '우린 이렇게 밖에 못해'라는 패배감으로 자신의 발전을 가로막지는 않을 것이며, 현상에 만족하는 타성에 빠지지 않을 것이다.

한 걸음 높이 몸을 세우는 사람은 남과 쩨쩨하게 따지지 않는다. 큰 안목으로 대국을 살피고, 물러남으로 나아감을 삼는다. 그러면 자신의 뜻을 이루고 즐겁게 살아갈 것이다.

18.
속 좁은 마음은 근심을 불러온다

일이 적은 것보다 큰 복은 없고
마음 쓰는 일이 많은 것보다 큰 불행은 없다.

일이 적은 것보다 더한 복은 없고,

마음 쓸 일이 많은 것보다 더 큰 불행은 없다.

고생스럽게 일해 본 사람만이

일이 적은 것이 복임을 알고,

평안한 마음을 품은 사람만이

마음 쓸 일이 많은 것이 불행임을 안다.

福莫福於少事(복막복어소사)하고 禍莫禍於多心(화막화어다심)이니,

唯苦事者(유고사자)라야 方知少事之爲福(방지소사지위복)이요,

唯平心者(유평심자)라야 始知多心之爲禍(시지다심지위화)니라.

(前 49)

'큰 지혜는 어리석은 듯이 보이고, 큰 기교는 졸렬한 것처럼 보이는' 경지에 이른다면 사소한 일이나 남의 말에 구속되지 않는다. 일상에서도 일이 없어 자신을 가뿐하게 함을 행복으로 여겨야 한다. 모든 화의 실마리는 대개 어떤 일에서 비롯되기 때문이다.

일이 많다는 것은 마음을 쓸 일이 많다는 것이다. 마음을 많이 쓴다는 것은 화를 부르는 단초가 된다. 마음을 많이 쓰는 사람은 하늘이 무너질까를 염려하기까지 한다. 의심 때문에 항상 근심에 휩싸인다. 이는 속이 좁은 소인과 다르지 않다.

'군자는 거리낄 것이 없지만 소인은 근심걱정에 휩싸인다'는 말이 있다. 마음씨가 밝은 사람은 하늘을 우러러, 땅을 굽어 부끄러움이 없고, 남을 의심하지 않기에 남의 의심을 두려워 하지 않는다. 하지만 소인은 다르다. 도량이 좁고 의심이 많기 때문에 번거로움이 적지 않고 시비가 끊이지 않는다.

일이 적은 것은 복이고, 일이 많은 것은 화이다.

19

상황에 따라 현명하게 대처하라

몸가짐을 바르게 해야 할 때가 있고
인간관계를 원만히 해야 할 때가 있다.

평화로운 세상에서는 방정하게 행동해야 하고,

어지러운 세상에서는 원만하게 행동해야 하며,

말세에는 방정함과 원만함을 모두 갖추어야 한다.

착한 사람에게는 너그럽게 대해야 하고,

악한 사람에게는 엄하게 대해야 하며,

보통 사람들에게는

너그러움과 엄한 태도를 겸비하여 대해야 한다.

處治世(처치세)엔 宜方(의방)하고 處亂世(처난세)엔 宜圓(의원)하며
處叔季之世(처숙계지세)엔 當方圓竝用(당방원병용)이라.
待善人(대선인)엔 宜寬(의관)하고 待惡人(대악인)엔 宜嚴(의엄)하며
待庸衆之人(대용중지인)엔 當寬嚴互存(당관엄호존)이라.
(前 50)

태평성대의 어진 임금과 현명한 신하는 좋은 말은 받아들이고 훌륭한 행실은 표창하며 공평무사한 선정을 베풀었다. 이런 시대에는 개인의 정치적 언행이 강직하고 엄정하더라도 어떤 정치적 압박을 받지는 않는다. 그러나 혼군과 간신이 정치를 하는 난세에는 언행을 최대한 원만하게 해야만 한다. 그렇지 않으면 죽음의 화를 입게 될 수도 있다.

사람을 대함에도 마찬가지이다. 충분한 열정과 갓난아이 같은 순수한 마음이 있다 하더라도 현실을 고려하지 않고 주변 사람들의 수준을 살피지 않으며 고집스레 자기 생각대로 남을 대하고 일을 처리한다면 분란만 일으킬 뿐, 아무것도 이루지 못할 것이다.

20

베푼 것은 잊고 받은 것은 갚아라

나의 공과 남에 대한 원망은 빨리 잊고
남의 도움과 나의 잘못은 깊이 새겨둔다.

내가 남에게 베푼 공은 마음에 새겨두지 말고,
나의 잘못은 마음 깊이 새겨두어라.
남이 내게 베푼 은혜는 잊지 말고,
남에게 원한이 있거든 잊어버려라.

我有攻於人(아유공어인)은 不可念(불가념)이나
而過則不可不念(이과즉불가불념)이요,
人有恩於我(인유은어아)는 不可忘(불가망)이나
而怨則不可不忘(이원즉불가불망)이라.

(前 51)

사소한 일로 남과 원한을 갖게 되면 사람 사이에 틈이 생긴다. 적게는 단결을 해치고, 크게는 다 만들어진 둥지를 뒤엎어 버린다. 당사자 양측 모두가 상처를 입고 몸과 명성을 망치게 될 뿐 어느 쪽도 우세를 차지하지는 못한다. 그러므로 원한이나 타인의 과실은 잊어버리는 편이 좋다. '원수는 풀어야지 맺어서는 안 된다'는 말이 있지 않은가? 잊어버리는 것이 현명하다. 만약 자신이 남에게 잘못을 저질렀다면 진지하게 반성하고 사과하여 마음 속 앙금이 없게 해야 한다.

한편으로 '은혜를 원수로 갚는다', '은혜를 저버린다', '강을 건너자 다리를 없애 버린다'는 말이 있다. 이런 것은 모두 자신이 좋은 일을 하고서 그것을 잊어버리기는커녕 은혜를 베풀었다고 자처하기 때문이다. 이런 행동은 대단히 천박하다. 남의 반감을 사기 쉬우므로 잊어버리는 편이 낫다.

그리고 남이 내게 베푼 은혜가 있다면 원칙을 지키면서 갚을 줄 알아야 한다. 그래야만 개인의 타고난 지성이 드러나고, 인간관계 또한 더욱 원만하게 만들 수 있다.

21.
검소한 사람은 여유가 있다

사치에 매달리는 사람은 만족을 얻기 어렵고
재주를 내세우는 사람은 원망을 듣기 쉽다.

사치하는 사람은 아무리 많아도 만족하지 못하니,

어찌 검소한 사람이 가난하지만 여유로운 것만 하겠는가?

유능한 사람은 애써 일하고도 원망을 살 수 있으니,

어찌 무능한 사람이

안일하지만 순수함을 지킬 수 있는 것만 하겠는가?

奢者(사자)는 富而不足(부이부족)하나니
何如儉者(하여검자)의 貧而有餘(빈이유여)리오.
能者(능자)는 勞而府怨(노이부원)하나니
何如拙者(하여졸자)의 逸而全眞(일이전진)이리오?
(前 55)

80

만족을 알고 항상 즐겁게 지내는 평범함이 진실한 것이다. 사치스러운 사람은 아무리 부유할지라도 정신적으로는 거지에 지나지 않는다. 이런 사람은 재력을 과시하여 겉으로는 즐거워 보이지만 기실 속마음은 무척 불만스러워 '욕망의 골짜기는 메우기 어렵다'는 격이다.

재산이 많아질수록 욕망도 커진다. 욕망이 커지면 고통도 늘어난다. 하지만 검소하게 살아가는 사람은 수입에 따라 지출하기 때문에, 부유하지 않고 심지어 빈털터리라 할지라도 분수에 넘치는 욕망을 갖지는 않는다. 그러므로 평범한 생활의 즐거움을 충분히 맛볼 수 있으며, 나아가 물질에 구속되지 않는 진정한 행복을 맛볼 수 있다.

생활에서는 만족을 알아야 하고, 일에 있어서는 방법을 찾아야 한다. 재주가 있는 사람은 일은 바쁘지만 흔히 뜻대로 되지 않는다. 일을 반드시 자신이 직접 해야 하는 성격 때문에 자신은 수고롭고, 남의 재능은 눌러버려 발휘하지 못하게 함으로써 원한을 산다. 이는 지도자가 놓치지 말아야 하는 점이다.

지도자의 재능은 자신이 직접 해보여서는 안 되며, 조직을 전체적으로 살펴서 각자가 자신의 능력을 충분히 발휘할 수 있도록 도와야 한다. 그럴 수 있다면 일은 잘 처리될 뿐 아니라 자신의 심신도 한결 가뿐해질 것이다.

22
배운 것은 써먹어라

실천 없는 가르침을 공허하고
덕이 없는 사람은 위태롭다.

글을 읽어도 성현의 뜻을 보지 못하면
종이와 붓의 노예에 불과하고,
공직에 있으면서 백성을 사랑하지 않으면
의관 입은 도둑에 불과하다.
가르치면서 몸소 실천하지 않으면
입으로만 참선하는 것과 같고,
큰일을 하면서 덕을 베푸는 데에 인색하면
한순간 피고 지는 꽃일 뿐이다.

讀書(독서)하되 <u>不見聖賢</u>(불견성현)하면 <u>爲鉛槧庸</u>(위연참용)이요,
居官(거관)하되 不愛子民(불애자민)하면 爲衣冠盜(위의관도)라.
講學(강학)하되 不尙躬行(불상궁행)이면 爲口頭禪(위구두선)이요,
立業(입업)하되 不思種德(불사종덕)하면 爲眼前花(위안전화)라.
(前 56)

독서는 무엇 때문에 하는 것인가? 책벌레들은 이 문제는 전혀 생각하지 않고 그저 독서를 위한 독서를 할 뿐이다. 하지만 슬기로운 독서인은 이 문제를 무척 진지하게 생각한다. 그들은 독서의 가장 중요한 점이 몸소 실천하는 것, 즉 흔히 말하는 '치용(致用)'에 있음을 잘 알고 있다.

육유(陸流)는 '종이 위에 이러쿵 저러쿵 하는 것은 깊이 없는 짓이다. 일은 몸소 실천하는 것이다'라고 하였다. 독서도 중요하지만 탁상공론은 피해야 한다. 미련하거나 아는 체하거나 현실성 없는 언행은 제거해야 한다. 그렇지 못한다면 독서의 즐거움은 그저 글을 읊는 데에만 있을 따름이다. 그러면 깊은 내면적 깨달음과 큰 수확을 얻기 어렵다. 독서를 통해 배운 것을 세상에 실천하지 못한다면, 그런 사람은 책의 노예일 뿐 세상에는 아무 쓸모도 없다.

독서는 배운 것을 실천하는 것이다. 인류를 위해 봉사하고, 사회적 지위를 얻고, 자신의 사업을 일으키는 깃도 마찬가지이다. 세상과 후손들에게 도움이 되지 못한다면 지위는 오래 갈 수 없고, 사업은 굳건하지 못할 것이며 후세에 이름을 남길 수 없을 것이다.

23.
기쁨과 슬픔은 모두 한순간일 뿐이다

괴로움 속에 기쁨이 있고
성취 안에 슬픔이 있다.

괴로움 속에서 마음을 즐겁게 하는 기운이 생겨나고,

뜻을 이루었을 때는 뜻을 잃는 슬픔이 찾아온다.

苦心中(고심중)에 常得悅心之趣(상득열심지취)하고
得意時(득의시)에 便生失意之悲(변생실의지비)니라.
(前 58)

세상만사는 끊임없이 변화하고 발전한다. 고통과 쾌락, 성공과 실패도 결국은 상호 보완적인 것이다.

슬픔과 기쁨은 서로 뒤바뀔 수 있고, 얻고 잃는 것은 결코 영원하지 않다. 괴롭고 슬픈 때에는 미래에 대한 희망을 가져야 하고, 어려움을 이겨내려는 용기와 의지를 가져야 한다. 뜻을 이루었을 때는 뜻을 잃게 되었을 때의 슬픔을 잊지 말고 항상 더 큰 어려움에 맞설 준비를 하여야 한다.

'고통은 즐거움의 씨앗이며, 즐거움은 고통의 싹이다'라는 말이 있다. 한순간의 득실로 평생의 운명이 결정되는 것은 아니다. 한순간의 고락으로 삶에 있어서의 용기와 의지를 버려서는 안 된다.

24.

얕은 재주는 사람의 미움을 산다

명예를 탐하는 자는 이름을 내세우고
졸렬함을 감추는 자는 재주를 뽐낸다.

진실로 청렴한 사람에게는 청렴하다는 이름이 없으니,

명성을 얻는 사람은 그들이 명성을 탐했기 때문이다.

진실로 뛰어난 재주는 특별한 기교가 없고,

재주를 부리는 사람은

그 자신의 졸렬함을 감추려 하는 것이다.

眞廉(진렴)은 無廉名(무렴명)이니

立名者(입명자)는 正所以爲貪(정소이위탐)이요.

大巧(대교)는 無巧術(무교술)이니

用術者(용술자)는 乃所以爲拙(내소이위졸)이라.

(前 62)

사람들은 작은 영리함을 뽐내는 사람을 미워한다. 얕은 꾀로 남을 속이고 명성을 훔치는 사람은 더욱 미워한다. 진정한 명성은 진실함에 의지해야만 하기 때문이다.

만약 많은 칭송을 얻고자 수단을 가리지 않는다면, 비록 한 시절 명성을 얻을 수는 있을지라도 영원히 속일 수는 없다. 그러므로 참으로 깨끗한 사람은 자신의 깨끗함이 남의 칭송을 받는 것에 연연하지 않기 때문에 그 이름이 널리 알려지지는 않는다.

큰 지혜를 지닌 사람은 작은 영리함에 의지하지 않으며, 빛나는 재능으로 자신의 성과를 높인다. 큰일을 하려는 사람은 진정한 청렴함과 큰 재능이 무엇인지를 명확히 이해함으로써 거짓 군자와 작은 총명함을 지닌 자에게 현혹 당하지 않는다.

어떤 이들은 현실에 부합되지 못하면 우습게도 환경이 바뀌어 자신들의 소망과 성공이 이루어지기를 기대한다. 하지만 명석한 사람은 자신을 환경에 적응하도록 바꾸지는 않는다.

명석한 지혜를 지닌 사람이라면 근면함과 신중함으로 묵묵히 자신의 일을 다할 뿐이다.

25.
비워야 채울 것이 생긴다

비어 있어야 넘치지 않고
완벽하지 않아야 온전할 수 있다.

기울어진 그릇이 가득 차면 엎질러지고,

표주박은 비어 있어야 온전하다.

군자는 무(無)에 살지언정 유(有)에 살지 않는다.

모자라는 곳에 머물지언정 완전한 곳에 머물지 않는다.

鼓器(기기)는 以滿覆(이만복)하고 撲滿(박만)은 以空全(이공전)이라.

故(고)로 君子(군자)는 寧居無(영거무)이언정 不居有(불거유)하며

寧處缺(영처결)이언정 不處完(불처완)이라.

(前 63)

물은 가득 차면 흘러넘치고, 달은 가득 차면 기운다. 자만한 자는 득의만만하다. 속으로는 억눌림을 모르고, 겉으로는 기고 만장하여 자신이 최고인 양 뽐낸다. 우물 안의 개구리 같아 사람들의 비웃음을 사고, 물이 채워진 그릇과 같아서 더 나은 것을 채울 수 없다. 일종의 교만이며, 진취를 생각하지 않음이며, 퇴보이다.

항상 양보하고 겸손함은 자신은 뒤처져 남을 앞세우고, 자신을 낮추어 남을 높이고, 자신을 줄여 남을 더해 주고, 자신을 물려 남을 나아가게 하는 노자의 너른 가르침을 배워야 한다.

뜻을 이루었을 때에 겸손함으로 억제하는 것은 《주역》의 겸괘(謙卦)의 진정한 의미이다. '겸(謙)'은 겸손한 태도로, 자신을 굽히고 남을 존중하는 것이다. 내가 남을 공경하면 남도 나를 공경하게 마련이다. 내가 남을 존중하면 남도 나를 존중한다. 서로 공경하고 아끼면 말도 겸손해지는 것이다.

가득 찬 것은 손해를 부르고, 겸손한 것은 이익을 가져온다. 사람은 겸허해야 한다. 제자리걸음하지 않고, 자만하지 않으며, 자기가 옳다고 고집해서는 안 된다.

26.
악행은 들추고 선행은 감추어라

악행은 숨길수록 커지고
선행은 드러낼수록 작아진다.

악한 일을 하고 나서 남이 알까 두려워한다면,
아직 선으로 돌아갈 수 있는 길이 남아 있기 때문이다.
선한 일을 하고 나서 남들이 알아주지 않아 조급해 한다면,
선행 속에 악의 뿌리가 남아 있기 때문이다.

爲惡而畏人知(위악이외인지)는 惡中(악중)에 猶有善路(유유선로)요,
爲善而急人知(위선이급인지)는 善處卽是惡根(선처즉시악근)이라.
(前 67)

도덕을 닦는 것은 마음을 가다듬는 것이다. 명예를 닦는 자는 착한 행실로 자신의 모습을 꾸민다. 선행을 하더라고 불순의 의도로 행하게 되면 남이 알아주지 않을까 걱정하며 자괴감에 빠지게 된다.

사람에게는 타고난 양심이 있기 때문에 나쁜 짓을 저지르면 부끄럽고 남이 알게 될까 염려한다. 수치심을 지닌다는 것은 커다란 악행을 저지르지는 않을 것이라는 것을 증명하는 것이다.

맹자는 '수오지심(羞惡之心)은 누구에게나 있다'고 하였다. 수오지심은 인간성을 타락하지 않도록 지탱하는 지주 같은 것이다. 하지만 공리의 추구에 급급한 세태는 거짓된 선행에게 발붙일 여지를 준다. 서로를 속이는 것은 악인이 번식할 온상이 된다. 정직한 사람은 자신의 정기(正氣)로 이런 사악함을 판별하여 눌러 버린다.

27.
고생 끝에 얻은 것이 진짜 내 것이 된다

고난 속에서 얻은 행복일수록 오래 가고
진통 속에서 얻은 귀한 지식일수록 견고하다.

괴로움과 즐거움을 모두 겪고 충분히 단련하여 얻은
행복이라야 오래 갈 수 있다.
의심과 믿음을 반복하며 충분히 연구하여 얻은 지식이
참된 것이다.

一苦一樂(일고일락)을 相磨練(상마련)하여
錬極而成福者(연극이성복자)는 其福(기복)이 始久(시구)하고,
一疑一信(일의일신)을 相參勘(상참감)하여
勘極而成知者(감극이성지자)는 其知(기지)가 是眞(시진)이라.
(前 74)

고통을 겪어 본 사람이라야 진정한 즐거움을 알 수 있다. 어려움을 겪으며 부단한 연마를 통해 행복을 얻어야만 무엇이 고통이고, 무엇이 즐거움인지를 진정으로 알 수 있다. 그러면 비로소 즐거움을 아낄 줄 알고, 과거의 어려움을 명심하여 전철을 밟지 않게 된다.

지식을 얻는 것도 마찬가지이다. 의심을 품어 봐야 비로소 진정으로 믿고 따를 수 있다. 맹자는 '책에 기록된 것을 모두 믿는다면 책이 없는 편이 낫다'고 하였다. 그는 《서경(書痙)「무성(武成)」》에서 믿을 만한 구석은 10분에 2내지 3에 지나지 않는다고 하였다. 《서경》의 기록 전체가 신뢰할 수 있는 것은 아님을 알 수 있다.

맹자는 깊이 생각한 끝에 글에 대한 문제 의식을 지녔던 인물이다. 의심을 품어야만 독자적으로 사고하고, 의문을 제기하고, 이전 사람의 둥지에서 벗어날 수 있다. 그리하여 맹목적으로 글을 추종하거나 글의 내용을 기억하는 움직이는 서가 노릇을 하지 않게 되며, 새로운 문제를 해결하고 새로운 도전을 받아들일 수 있게 된다.

28

한쪽에 치우치지 않아야 바로 보인다

인자하면서도 결단력이 있어야 하고
강직하면서도 바른 것에 치우치지 말아야 한다.

청렴결백하면서도 너그럽고,

인자하면서도 결단력이 있고,

총명하면서도 지나치게 살피지 않고,

강직하면서도 바른 것에만 치우치지 않아야 한다.

이는 마치 꿀에 절인 음식이 달지 않고,

짜지 않은 해산물처럼 훌륭한 덕이라 할 수 있다.

淸能有容(청능유용)하고 仁能善斷(인능선단)하며
明不傷察(명불상찰)하고 直不過矯(직불과교)면
是謂蜜餞不話(시위밀전불첨)이요
海味不鹹(해미불함)이니 纔是懿德(재시의덕)이라.
(前 83)

덕성을 엄격하게 수양하는 것은 좋은 것이다. 그러나 엄격함은 중용의 도를 운용해야만 치우치지 않을 수 있다. 중용을 잃으면 자질이 바뀌게 된다.

청렴함은 존경할 만한 것이다. 그러나 청렴이 지나쳐 중용을 잃으면 자신을 스스로 높이게 된다. 그리하여 사회 전체를 용납하지 않게 됨으로써 원한을 사게 되고, 결국 아량이라고는 찾아볼 수 없는 편협함과 과격함으로 바뀌게 된다.

인자한 사람이 중용을 잃으면 속이 좋고 원칙이 없게 된다.

이런 사례는 모두 중용을 지키는 것의 중요성을 보여준다. 아름다운 자질에 중용이 더해져야만 주관적 노력과 객관적 효과가 하나가 될 수 있다.

29.
바쁜 와중에도 여유를 잃지 않는다

소란함 속에 참된 고요함이 있고
괴로움 속에 참된 즐거움이 있다.

고요한 곳에서의 고요함은 참다운 고요함이 아니다.

소란함 속에서 고요함을 지켜야만

진실한 마음을 얻을 수 있다.

즐거운 곳에서의 즐거움은 참다운 즐거움이 아니다.

괴로움 가운데 즐거운 마음을 얻어야만

참된 마음을 알 수 있다.

靜中靜(정중정)은 非眞靜(비진정)이니 動處(동처)에 靜得來(정득래)라야
纔是性天之眞境(재시성천지진경)이요.
樂中樂(낙중락)은 非眞樂(비진락)이니 苦中(고중)에 樂得來(낙득래)라야
纔見心體之眞機(재견심체지진기)니라.
(前 88)

사물은 다른 사물을 덧대면 돋보이게 된다. 깊은 산골에 살면서 마음을 고요하게 지키는 것은 고요함이다. 그러나 시끄러운 가운데서 마음의 평정을 지킨다면 그 고요함은 더욱 두드러진다.

입고 먹는 것이 넉넉하고 아무 걱정 없이 살아간다는 것은 즐거운 일이다. 그러나 가난하고 고단한 생활 속에서도 낙관적 마음을 가질 수 있다면 즐거움은 더욱 커지는 것이다.

고요한 가운데 평정을 지키고 즐거운 가운데 웃음을 지키는 것은 쉽지만, 시끄러운 가운데 평정을 지키고, 고단한 가운데 웃음을 지키기란 대단히 어려운 것이다.

어떤 환경에서도 유유자적하고 외물에 간섭받지 않도록 노력해야 한다.

30.
자신을 희생할 때는 의심이 없어야 한다

자신을 희생하려면 의심하지 말고
은혜를 베풀고 보답을 바라지 말라.

자신을 희생하기로 했다면 더 이상 의심하지 말라.

의심하면 자신을 희생하려는 결심이 부끄러워진다.

은혜를 베풀기로 했다면 보답을 바라지 말라.

보답을 바라면 은혜를 베푼 마음이 그릇된 것이 된다.

舍己(사기)어든 毋處其疑(무처기의)하라.

處其疑(처기의)면 卽所舍之志(즉소사지지)에 多傀矣(다괴의)리라.

施人(시인)커든 毋責其報(무책기보)하라.

責其報(책기보)하면 倂所施之心(병소시지심)이 俱非矣(구비의)니라.

(前 89)

자기를 버리는 것은 자기희생이며, 남에게 베푸는 것은 변함 없는 자원봉사이다. 이 두가지는 방식은 다르지만 본질은 같다.

원대한 이상이 없거나 평소의 수양이 받쳐 주지 않는다면 자기를 버리기란 어렵다. 예로부터 많은 선현들은 원대한 이상과 고상한 자질을 지니고 있었기 때문에 국가의 이익과 민족의 대의명분 앞에서 주저 없이 목숨을 던짐으로써 역사에 이름을 남겼다.

남에게 베푸는 것은 열심히 남을 도움으로써 그들이 스스로 묵묵히 헌신하게 하는 것이다. 자기를 버리고 남에게 베푸는 것은 고귀한 덕성이다. 자신의 목적을 이루기 위하여 거짓으로 꾸며낸 말과 베풂이 아니다. 그렇지 않다면 고작해야 위선자에 지나지 않을 뿐이어서 음모와 위선이 드러나면 악행도 여지없이 폭로될 뿐이다.

인생은 여행과 같다

> 덕을 쌓아 복을 만들고
> 마음을 편안히 하여 수고로움을 던다.

하늘이 내게 복을 박하게 준다면,

나의 덕을 두텁게 하여 맞서겠다.

하늘이 내 몸을 수고롭게 한다면,

나의 마음을 편하게 하여 내 몸을 도울 것이다.

하늘이 내 처지를 곤궁하게 생각한다면,

나의 도를 형통케 하여 그 길을 열 것이다.

이러하니 하늘인들 나를 더 어떻게 하겠는가?

天(천)이 薄我以福(박아이복)이어든

吾(오)는 厚吾德以迓之(후오덕이아지)하고

天(천)이 勞我以形(노아이형)이어든

吾(오)는 逸吾心以補之(일오심이보지)하며

天(천)이 阨我以遇(액아이우)어든

吾(오)는 亨吾道以通之(형오도이통지)하면

天且我(천차아)에 奈何哉(내하재)리오?

(前 90)

인생은 여행에 비견된다. 수고와 고난은 치러야 할 여비이다. 결국은 죽음으로 다시 돌아오는 것이 인생이다.

세상에 공짜 점심은 없다. 어떤 성공이든 상응하는 대가를 치러야 한다. 아름다운 풍경을 보려면 정상에 올라야 한다. 등정의 과정에는 완강함, 집착, 진취적 정신이 필요하다. 끊임없이 나아가는 사람은 진취적 정신이 잠재력을 발휘시키고 잠재된 에너지를 발동시킨다는 것을 알고 있다. 그러므로 부단히 성공을 추구하고, 세속에 구속되지 않고, 권세를 두려워하지 않고, 험난함을 두려워하지 않고, 혼신을 다하여 끊임없이 나아간다.

복은 하늘이 내리는 것이라고 여기지 말라. 곤경은 하늘이 나를 단련시키는 것이라고 여기지 마라. 운명이 박하여 성공의 희망을 잃어버렸다고 탄식하지 마라. 앞으로 나아감을 그치지 않는다면 성공이 손짓하는 것을 보게 될 것이다. 그러면 하늘을 우러르며 휘파람을 불게 될 것이다.

"운명인들 나를 어찌 할 수 있겠는가?"

32.
인생은 후반이 중요하다

젊어 공덕을 세우면 잠깐 칭찬을 받고
늙어 지조를 잃으면 죽어서 비난을 산다.

한때 기녀였더라도 말년에 한 지아비를 따른다면,
한때의 화냥기는 문제되지 않는다.
정숙한 여자라도 말년에 정절을 지키지 못하면
반평생의 절개가 수포로 돌아간다.
옛말에 이르기를 '사람을 보려면 그 후반을 보라'고 했으니
참으로 옳은 말이다.

聲妓(성기)도 晚景從良(만경종량)하면 一世之胭花無碍(일세지연화무애)하고
貞婦(정부)도 白頭失守(백두실수)하면 半生之淸苦俱非(반생지청고구비)라.
語云(어운)하되 看人(간인)엔 只看後半截(지간후반절하)라 하니
眞名言也(진명언야)라.
(前 92)

만년에 이르러 절개를 잃는다는 것은 참으로 애통한 것이다.

조조가 지은 시에 '천리마는 늙어 마구간에 매여서도 마음은 천리를 치닫듯, 열사 비록 몸은 늙어도 큰 포부는 가시지 않는다'고 하였다.

지난날의 공로에 파묻힌다면 투지는 사라질 것이다. 과거의 화려함 때문에 만년에 멋대로 행동하는 것은 더욱 슬프고 혐오스러운 것이다. 배움의 끝이 없다는 말처럼 초지일관해야 완전한 인격을 지킬 수 있고 여한이 없다.

'사람을 볼 때는 그 삶의 후반만을 보라'는 태도는 완전하지 못한 구석이 있다. 사람에 대한 평가는 다양한 측면에서 전체적으로 평가되어야 한다. 옛 사람의 태도에 구애되지 말고 거기에 감춰진 진리를 꿰뚫어 보아야 한다.

'방탕한 자식이 뉘우치면 황금으로도 바꾸지 않는다'거나 '고통의 바다는 끝이 없지만 돌아보면 그곳이 바로 뭍이다'라는 말이 있다. 과거야 어찌됐든 새사람이 되기로 결심한다면 사람들은 그의 과실을 이해할 뿐 아니라 그의 용기에 탄복할 것이다. 과거에 아무리 유복한 삶을 살았더라도 만년에 권력이나 금전의 유혹을 견디지 못하고 나쁜 길로 들어선다면 정녕 애달픈 일이다.

"평생 지킨 것을 만년에 잃지 말라."

31.

따뜻한 가정에서 바른 아이가 길러진다

잘못을 꾸짖는 일은 작은 가르침이고
모범을 보이는 일은 큰 가르침이다.

가족에게 허물이 있으면 크게 화내지도 말고

가볍게 넘기지도 말라.

직접 말하기 힘들다면 다른 일로 비유하여 깨닫게 하라.

오늘 깨닫지 못하면 다시 내일을 기다려 훈계하라.

봄바람이 언 땅을 녹이고

따뜻한 기운이 얼음을 녹이듯 해야 한다.

그것이 가정을 편안케 하는 규범이다.

家人有過(가인유과)어든 不宜暴怒(불의폭노)하고
不宜輕棄(불의경기)라.
此事難言(차사난언)이어든 借他事隱諷之(차타사은풍지)하되
今日不悟(금일불오)어든 俟來日再警(사내일재경)하고
如春風解凍(여춘풍해동)하며 如和氣消冰(여화기소빙)하면
是家庭的型範(시가정적형범)이라.

(前 96)

봄바람은 차가운 기운을 밀어내고 따뜻한 기운은 단단한 얼음을 녹인다. 자식 교육도 봄날 따스한 바람 마냥 부드럽게 이끄는 것이 올바른 방법이다.

많은 부모들은 교육의 방법에 있어서 양극단으로 치닫는다. 하나는 엄격형이고, 다른 하나는 방임형이다.

엄격형의 부모는 자식을 심하게 야단치거나 매를 든다. 태도가 거칠어야 아이가 말을 듣고, 잘못을 고치고, 발전한다고 여기는 것이다. 하지만 이런 방법은 아이의 성장에 도움이 되지 않는다. 꾸중을 하고 매를 드는 것에 습관이 되면 아이는 나약해지거나 반항심이 커지게 된다.

방임형의 부모는 자식에게 무관심하다. 되는대로 내버려두어야 자식이 자유스럽다고 여긴다. 결국 구속력이 없는 아이는 나쁜 습관이 늘어나고 더 많은 잘못을 저지르게 된다.

자식이 훌륭하게 성장하기를 바라는 마음은 누구나 마찬가지이다. 하지만 그렇게 되느냐의 여부는 가정환경을 비롯해 가정교육과 뗄 수 없는 관계를 지닌다. 따뜻한 가정과 부드러운 교육 방법만이 아이가 건강하게 자랄 수 있는 요람이 된다.

34

맛있기만 한 음식은 몸을 상하게 한다

입에 즐거운 음식은 독약과 같고
마음에 즐거운 쾌락은 도적과 같다.

입을 즐겁게 하는 음식은 장을 상하게 하고
뼈를 썩게 하는 독약과 같다.
그러므로 많이 먹지 말고 절반쯤에서 그쳐야
화를 면할 수 있다.
마음을 즐겁게 하는 쾌락은 몸을 망치고 덕을 잃게 한다.
그러므로 절반쯤에서 그쳐야 후회가 없다.

爽口之味(상구지미)는 皆爛腸腐骨之藥(개난장부골지약)이니
五分(오분)이면 便無殃(변무앙)이요.
快心之事(쾌심지사)는 悉敗身喪德之媒(실패신상덕지매)니
五分(오분)이면 便無悔(변무회)니라.
(前 104)

어떤 사람들은 맛있는 음식을 보면 유혹을 견디지 못하고 마구 먹어 버린다. 그 결과는 위장을 버리게 된다. 양생(養生)을 중시하는 사람들은 영양의 불균형이나 과식은 매우 나쁜 것이며 골고루 소식하는 것이 양생의 이치임을 잘 알고 있다.

사람도 마찬가지이다. 욕망이 없으면 생활이 단조롭고 활력이 없지만 욕망이 너무 많으면 생활 곳곳이 위기로 가득 찬다. 그러므로 사람은 욕망을 가져야 하지만 욕망을 억제할 줄도 알아야 한다. 이를 실현하는 최상의 방법은 '적당할 때에 만족을 알고 즐겁게 지내는' 것이다.

35

남의 잘못은 너그럽게 잊어라

남의 허물을 꾸짖는 일을 게을리 하고
남의 과오를 마음에 새겨두지 말라.

남의 작은 허물을 꾸짖지 말고,

남의 비밀을 들춰내지 말고,

남의 과오를 마음에 새겨두지 말라.

이 세 가지를 명심하면

스스로 덕을 기르고 화를 멀리 할 수 있다.

不責人小過(불책인소과)하고 不發人陰私(불발인음사)하고

不念人舊惡(불념인구악)하라.

三者(삼자)는 可以養德(가이양덕)하고

亦可以遠害(역가이원해)니라.

(前 105)

어떤 일은 보기에는 별것 아닌 것 같으면서도 막상 하려면 복잡한 경우가 있다. 뒷전에서 남의 장단점과 비밀을 들추는 것처럼 사소한 일을 이리저리 따지고 마음에 담아둔다면 인간관계를 긴장시키고 의외의 말썽이 생길 수 있다.

반대로 남을 너그럽게 용서한다면 무언가 충만한 만족감을 느낄 수 있고, 자신의 인격을 더 갖추려고 노력하게 될 것이다.

남의 사소한 잘못을 꾸짖지 않으면 너그러운 마음과 객관적인 시선을 갖게 될 것이다. 남의 비밀을 들추지 않으면 내 비밀 또한 존중받을 것이다. 남의 지난 잘못을 담아두지 않으면 은혜와 원망에 얽매이지 않고 얼음이 풀리듯 미움이 풀리는 기쁨을 누리게 될 것이다.

36.
시간은 생명과 같다

천지는 영원하면서도 쉬는 적이 없지만
인생은 짧으면서도 허투루 보내기 쉽다.

천지는 영원히 존재하지만

이 몸은 두 번 다시 얻을 수 없다.

인생은 다만 백 년의 세월,

그 날들은 쉽게 지나가 버린다.

다행히 이 사이에 태어났으니

삶의 즐거움을 찾아야 하지만,

또한 허무한 삶에 대한 근심이 없어서도 안 된다.

天地(천지)는 有萬古(유만고)나 此身(차신)은 不再得(부재득)이요,
人生(인생)은 只百年(지백년)이나 此日(차일)은 最易過(최이과)라.
幸生其間者(행생기간자)는 不可不知有生之樂(불가불지유생지락)하고
亦不可不懷虛生之憂(역불가불회허생지우)라.
(前 127)

당신은 생명을 아끼는가? 그렇다면 시간을 낭비하지 말라. 시간은 생명을 구성하는 재료이다.

벤저민 프랭클린의 말이다.

어떤 사람은 세월은 무정하여 한 번 지나가면 돌아올 줄 모른다고 하였다. 또 세월은 덧없이 흐르고 인생은 짧다고 안타까워하기도 한다. 하지만 아쉬워하고 애달파하는 속에서도 시간은 흐른다. 또 어떤 사람들은 시간의 고귀함을 깨닫고 시간을 효과적으로 쓰겠다고 결심하지만 작심삼일에 그치고 만다. 그러므로 '처음의 마음을 간직하지 않는다면 좋은 결말'이 드물다. 이 모두는 시간에 대한 관념이 부족하기 때문이다.

인생에서 가장 소중한 것은 생명이다. 그리고 시간은 생명을 구성하는 재료이다. 그러므로 시간은 소중한 것이다. 시간이 곧 생명이다. 시간은 멈추지 않으며, 거꾸로 흐르지도 않는다. 저장해 둘 수도 없고, 재생할 수도 없는 특수한 사원이나. 일회성 소모품인 셈이다.

노년에 이르러 죽음에 직면했을 때에야 비로소 잃어버린 삶을 안타까워 한다. 시간을 헛되이 보낸 것을 후회하지만 무슨 소용이 있겠는가? 시간을 아끼는 것은 생명을 아끼는 것이다. 1분 1초의 시간이 무궁한 위력을 발휘하게 한다면 우리의 생명은 한층 눈부시고 의미 있는 것이 될 것이다.

37.
때론 밥 한 술의 베풂도 은혜가 된다

천금으로 한때의 환심을 사기 어렵고
한 끼의 밥으로 평생의 은혜를 만든다.

천금을 주고도 한때의 환심을 사기는 어렵지만,

한 끼의 밥으로 평생의 은혜를 만들 수 있다.

무릇 사랑이 지나치면 오히려 원한이 되고,

박대함이 극에 달하면 오히려 기쁨을 줄 수 있는 법이다.

千金(천금)도 難結一時之歡(난결일시지환)이요

一飯(일반)도 意致終身感(경치종신감)이니

蓋愛重反爲仇(개애중반위구)요 薄極翻成喜也(박극번성희야)라.

(前 115)

남을 돕는 것은 금전의 다소, 물품의 귀천에 달린 것이 아니다. 곤경에 빠진 사람을 돕는다는 것는 따뜻한 마음에 달려 있으며, 남을 돕는 시기의 적절함에 달려 있다. 곤경에 빠진 사람에게 관심을 보이고 실패한 사람을 위로할 수 있다면, 진정한 온기와 우정의 소중함을 느끼게 할 수 있다.

남을 돕는 것은 시기의 문제뿐만 아니라 방법에도 유의해야 한다. 상대방이 무척 예민한 사람이라면 직접적인 도움은 상대를 난감하게 만들 수 있다. 이런 경우는 남몰래 도움으로써 상대의 자존심을 지켜줘야 한다.

활달한 사람의 경우라면 도움을 숨겨서는 안 된다. 도움을 숨긴다면 진심에서 우러난 것인지를 의심할 수 있다. 이럴 땐 직접적으로 상대를 돕고 격려해야 한다.

'아낌이 지나치면 원수가 되고, 엷음이 지극하면 기쁨이 된다'고 했다.

비록 불변의 진리는 아니더라도 특정한 상황에 있어서는 지당한 명언이다. 기억해 두어야 한다.

뛰어난 재능은 적당히 감추어야 한다

재주를 감춘 채 안전을 도모하고
청렴함을 가진 채 기회를 살린다.

어리석음으로 뛰어난 재주를 감추되
명철함을 잃지 않아야 한다.
청렴함은 혼탁함 속에 감추고,
일어서기 위해 먼저 굽히는 것이야말로
험난한 세상을 안전하게 건너게 해주는 배가 될 것이다.

藏巧於拙(장교어졸)하고 用晦而明(용회이명)하며
寓淸于濁(우청우탁)하고 以屈爲伸(이굴위신)하면
眞涉世之一壺(진섭세지일호)요 藏身之三窟也(장신지삼굴야)라.
(前 116)

114

옛말에 '곧게 자란 나무는 먼저 베어지고, 단 우물은 먼저 마른다'고 하였다. 집을 지을 때 사용되는 목재는 대개 곧게 자란 나무를 사용한다. 또 우물은 단맛이 나는 샘이 인기가 있어 먼저 마르는 법이다.

재주가 화려하고 자기를 내세우기 좋아하는 사람은 쉽게 발탁되고 중용되지만, 또한 쉽게 남들의 시기를 받는다. 그러므로 지혜로운 사람은 자신의 뛰어난 구석을 조금은 감추고서 처세할 줄 안다.

이런 전설이 있다. 상고시대에 북을 치는 날개 달린 새가 있었다. 그 새는 다른 새보다 나은 구석이라고는 아무것도 없었다. 그저 다른 새가 날면 따라서 날고, 저녁에 둥지로 돌아오면 역시 따라서 돌아왔다. 대열이 나아갈 때는 앞서 가려고 하지 않았고, 돌아올 때도 뒤떨어지는 법이 없었다. 먹이를 먹을 때는 남의 것을 다투지 않았고, 대오를 이탈하지도 않았다. 그러므로 위협을 받는 경우가 거의 없었다.

이런 생존방식이 보수적인 것처럼 보이지만 결과적으로 보면 명철하다 할 수 있다. 모든 일에는 퇴로를 남겨 두어야만 하고, 지나치게 자신을 과시해서는 안 된다. 그래야만 큰 잘못을 범하지 않을 수 있다.

39

편안할 때 나중을 염려해라

편안할 때일수록 훗날을 염려하고
어려울 때일수록 성공을 도모한다.

쇄락해가는 모습은 흥성함 속에 있고,

생명의 근원은 시들어가는 가운데 생겨난다.

그러므로 군자는 편안할 때에

한결 같은 마음으로 훗날을 염려하고,

변고가 생겨도 백 번 참고 다시 성공을 도모해야 한다.

衰颯的景象(쇠삽적경상)은 就在盛滿中(취재성만중)하고
發生的機緘(발생적기함)은 卽在零落內(즉재영락내)라.
故(고)로 君子(군자)는 居安(거안)엔
宜操一心以慮患(의조일심이려환)하고
處變(처변)엔 當堅百忍以圖成(당견백인이도성)이라.

(前 117)

꽃은 피었다가 다시 지고, 달은 찼다가 다시 이지러진다. 인생 역시 흥망이 있고, 세상만사도 성쇠의 순환을 거친다. 그러므로 인생에서 뜻을 이루었을 때는 자신의 이지(理智)를 지켜서 환난을 미연에 방지해야 하고, 곤경에 처했을 때는 미래에 대한 낙관적 믿음을 가져야 한다.

들불은 타고 또 타고, 봄바람은 불고 또 분다.

이런 정신을 가져야만 좌절을 겪어도 쓰러지지 않을 수 있다. 곤경에서 벗어나려는 용기와 의지를 가져야만 한다. 평소에 조심하고 뜻을 이루었다고 좋아해서는 안 된다.

속담에 '사람은 백 날을 하루같이 좋을 수 없고, 꽃은 백 날을 하루같이 붉을 수 없다'고 하였다. 뜻을 이루었을 때 자신을 일깨워야 뜻대로 되지 않을 때 낙심하지 않을 수 있다.

40.

평범함 속에 위대함이 있다

특별함을 좋아하는 사람은 안목이 부족하고
홀로 절개를 지키는 사람은 영원할 수 없다.

기이한 것에 놀라고 특별한 것을 좋아하는 사람은
원대한 안목이 부족하다.
힘들게 절개를 지키며 홀로 행동하는 사람의 지조는
영원할 수 없다.

驚奇喜異者(경기희이자)는 無遠大之識(무원대지식)하고
苦節獨行者(고절독행자)는 非恒久操(비항구조)니라.

(前 118)

위대함은 평범함 속에 있다. 마천루도 평지에서부터 시작된다. 사람도 착실하게 처음부터 올라가야 한다. 기회를 엿보아 순간에 성공을 도모하려는 것은 사상누각이며, 물에 비친 달과 같을 뿐이다.

신기하고 기발한 언행으로 자신의 남다름을 내보이려고 하는 사람들이 있다. 이런 사람은 한두 번은 남들이 속아주겠지만 반복될수록 염증을 내기 마련이다. 시간이 갈수록 자신의 성숙되지 못함과 무지함을 내보이게 되는 것이다.

사람은 각고의 노력을 기울여 생활 속의 작은 것에서부터 탄탄하게 출발해야 한다. 단순히 원칙에 충실하여 자신을 도덕의 울타리에 가둬 버리는 것이 수양이 아니다. 꾸준히 몸과 마음을 다하여 애를 쓰고 노력하는 마음으로 매사에 충실해야 한다.

진정한 성취를 이룩하려면 평소의 언행 하나 하나가 일상의 규범과 도덕적 준칙에 부합되어야 한다.

41.

오만함은 좋은 것을 멀어지게 한다

남의 단점을 들춰내지 말고
다른 사람의 재능을 시기하지 말라

한쪽으로만 치우쳐서 간사한 사람에게 속지 말고,
너무 자만하여 객기를 부리지 마라.
자신의 장점으로 남의 단점을 들춰내지 말고,
자신의 어리석음 때문에 남의 재능을 시기하지 마라.

毋偏信而爲奸所欺(무편신이위간소기)하고
毋自任而爲氣所使(무자임이위기소사)하며
毋以己之長而形人之短(무이기지장이형인지단)하고
毋因己之拙而忌人之能(무인기지졸이기인지능)하라.
(前 120)

•
120

재주가 좀 있으면 오만해지고, 능력이 좀 있으면 자신만만해지는 사람들이 있다. 이런 사람들은 능력을 과신함으로써 자신의 부족함을 숨겨 남들이 자신을 무시하지 못하게 만든다.

지나치게 오만하면 사람이 멀어지고, 자신감이 지나치면 편벽해지기 쉽다. 감정적으로 일을 처리를 하는 사람은 소인에게 이용당하면 갈등을 일으키고, 남을 질투하면서도 정작 자신은 알지 못한다.

수양이 된 사람은 공정하고 성실하고 겸허한 품성을 지닌다. 편벽되고 이기적이고 남을 속이고 시기하는 것은 수양이 덜 된 사람에게서 나타난다.

사람은 천진한 본성이 덮여 버리면 나쁜 성품이 주도권을 잡게 된다. 그러므로 군자인가 소인인가 하는 것은 품행의 수양에 달려 있음을 알 수 있다.

사람이 재주가 있고 능력이 있다는 것은 좋은 것이다. 하지만 이로 말미암아 나쁜 습관이 형성된다면, 이는 좋은 것으로 나쁜 것을 바꾸는 셈이다.

42

때로는 알면서도 속아주어라

타인의 잘못은 너그럽게 대하고
자신의 잘못은 인색하게 다룬다.

남의 속임수를 알면서도 말하지 않고,
남에게 모욕을 받았더라도 표현하지 말라.
그 안에 무궁한 뜻이 있고
무한한 즐거움이 있다.

覺人之詐(각인지사)라도 不形於言(불형어언)하고
受人之侮(수인지모)라도 不動於色(부동어색)하면
此中(차중)에 有無窮意味(유무궁의미)하며
亦有無窮受用(역유무궁수용)이라.
(前 126)

항상 손해를 보고 남에게 모욕을 당하기 때문에 남을 원망하는 사람이 있었다. 그는 생활의 무게가 너무 버겁다는 생각이 들어 지혜로운 자를 찾아갔다. 지혜로운 자는 그의 어깨에 광주리 하나를 메어 주었다. 그리고 자갈길을 가리키며 이렇게 말했다.

"한 걸음 걸을 때마다 돌 하나를 주워 광주리에 담게나. 그러면서 무언가 깨닫는 바가 있는지 생각해 보게."

그는 지혜로운 자의 말대로 그렇게 하였다. 걸으면 걸을수록 발걸음은 더 무거워졌다. 그는 자신도 모르게 광주리를 내려놓았다. 그러자 만면에 웃음이 피어올랐다. 흡사 큰 깨달음을 얻은 것만 같았다.

현실에서 많은 사람들은 이야기의 주인공처럼 손해를 보고 모욕을 당했다 하여 남을 원망한다. 어쩌면 우리는 이 세상에 올 적에 빈 광주리 하나씩을 메고 왔는지도 모른다. 한 걸음 옮길 때마다 똑같은 물건을 하나씩 집어 담기 때문에 점점 무거워지는지도 모른다. 짐을 덜고 싶다면 불필요한 것들을 덜어버리면 된다.

"즐겁고자 한다면 원망을 잊어버리는 것을 배워야 한다."

원망을 잊는 것은 넓은 도량이다. 인간세상의 희로애락을 포용한다는 것이다. 원망을 잊는 것은 하나의 경지이다. 이는 인생을 새로운 단계로 도약하게 만든다.

43.
미리 넘겨짚어 앞서 가지 마라

자신을 지키려는 마음을 갖되
남이 속일 것을 미리 걱정하지 마라.

'남을 해치려는 마음은 없어야 하지만,
자신을 지키려는 마음은 있어야 한다'는 말은
생각의 소홀함을 경계하는 말이다.
차라리 남에게 속더라도
'남이 속일 것을 미리 걱정하지 말라는 말은
지나치게 살피는 것을 경계하는 말'이다.
이 두 가지를 지키면 생각이 밝아지고
덕이 두터워질 수 있다.

「害人之心(해인지심)은 不可有(불가유)요
防人之心(방인지심)은 不可無(불가무)라」 하니
此차는 戒疎於慮也(계소어려야)라.
「寧受人之欺(영수인지기)언정 毋逆人之詐(무역인지사)라」 하니
此(차)는 警傷於察也(경상어찰야)라.
二語竝存(이어병존)하면 精明而渾厚矣(정명이혼후의)라.
(前 129)

124

사회는 복잡하고 다양하게 변화한다. 어떤 일이든지 수시로 생길 수 있다. 이런 복잡한 사회를 살아가는 사람들은 경각심을 높여야 한다.

　세상 사람을 일깨우는 말 가운데 '남을 해치려는 마음을 가져서는 안 되며, 남을 방어하는 마음도 없어서는 안 된다'는 말이 있다. 사람은 남을 해쳐서는 안 된다. 남을 해치게 되면 자신도 다치기 때문이다. 그 이유는 말할 필요조차 없다. 또 사람은 남을 방어하지 않아서는 안 된다. 남을 방어하지 않으면 내가 다칠 수 있기 때문이다. 이는 사람들이 흔히 소홀히 여기는 점이다. 남을 방어하는 마음은 일종의 자기 보호이다. 여기에는 예리한 경각심과 냉정한 사고가 있어야 한다.

　세상 문제를 너무 세세하고 본질적으로 보는 영특한 사람들은 설령 남에게 속더라도 아무 근거 없이 남을 넘겨짚어 의심함으로써 자신을 그르치지 않는다. 이는《논어「헌문(憲問)」》에 '남이 속일까 짐작하지 말라'고 언급한 군사의 처세방법이다. 이런 경지에 이르면 타인과의 갈등을 줄이고, 자신의 번뇌를 줄일 수 있으며, 세간의 시비도 크게 줄어들 것이다.

44.
저절로 얻어지는 것은 없다

굳센 의지는 부족한 속에서 다져지고
큰 능력은 어려움 속에서 길러진다.

푸른 하늘의 태양처럼 밝게 빛나는 절개는
어두운 방 한 구석에서 길러진 것이다.
천지를 뒤흔드는 재주도 깊은 연못가를 걷듯
살얼음을 밟듯 신중히 행동하여 얻은 것이다.

青天白日的節義(청천백일적절의)는
自暗室屋漏中培來(자암실옥루중배래)하고,
旋乾轉坤的經綸(선건전곤적경륜)은
自臨深履薄處操出(자림심리박처조출)이라.
(前 132)

옛말에 '청천백일(靑天白日)'은 초라하고 어두운 방구석에서 길러지며, 세상을 뒤흔드는 경륜은 처신을 조심스럽게 한 가운데서 이루어진다 했다. 조선시대에는 사화(士禍)와 당쟁이 극심하여 처세에 조심하지 않으면 자신은 물론 가문이 멸족을 당하는 예가 허다했다.

중종 때 사람 정붕(鄭鵬)은 한참 권세를 떨치고 있는 유자광(柳子光)과 친척이었다. 유자광이 하늘 무서운 줄 모르고 날뛰는 것을 본 정붕은 그를 멀리하지 않으면 언제가는 화를 당하리라는 것을 직감했다. 그렇다고 절교를 했다가는 당장 화를 입을 것이 뻔했다. 그래서 이따금 유자광의 집에 하인을 보낼 때 팔을 새끼로 꽁꽁 묶어 보내, 하인이 묶인 팔이 아파서 수다를 떨 겨를도 없이 곧바로 돌아오게 만들어 집안의 말이 새어나감을 막았다. 그리하여 후에 유자광이 실각할 때 화를 면했다.

또한 그의 친구 강혼(姜渾)과 심순문(沈順門)이 기첩(妓妾)을 둔 것을 보자 정붕은 충고하기를, "어서 그 여자들을 버리지 않으면 멀지 않아 화를 당할 것이네"라고 하였는데, 강혼은 버리고 심순문은 버리지 않았다. 그 후 그 기생들이 연산군의 총애를 받게 되자 심순문은 마침내 화를 당하여 죽고 말았다.

45.
아름다움은 세상이 저절로 알아준다

장점을 숨기면 단점도 가려지고
자랑이 없으면 비난도 사라진다.

아름다움이 있으면 반드시 추함이 있어 비교된다.

나 자신이 아름다움을 자랑하지 않는다면,

누가 나를 추하다 하겠는가?

깨끗함이 있으면 반드시 더러움이 있어 비교된다.

나 자신이 깨끗함을 드러내지 않는다면,

누가 나를 더럽다 하겠는가?

有妍(유연)이면 必有醜(필유추)하여 爲之對(위지대)니
我不誇妍(아불과연)이면 誰能醜我(수능추아)리오?
有潔(유결)이면 必有汚(필유오)하여 爲之仇(위지구)니
我不好潔(아불호결)이면 誰能汚我(수능오아)리오?
(前 134)

128

사물의 모순은 대립적이면서도 통일적이다. 아름다움과 추함, 선함과 악함, 좋음과 나쁨, 지혜로움과 어리석음, 얻음과 잃음은 모두 변증법적 측면을 갖는다. 사물에 있어서 아름다움, 추함, 착함, 악함은 서로 대비되어 드러난다. 추함과 악함이 없다면 아름다움과 선함도 없다. 이런 현상에 내재된 변화의 조건을 잘 알아야 사물을 전체적으로 인식하고 극단에 구애되지 않을 수 있다.

'사람 위에 사람 있고, 하늘 위에 하늘 있다'는 말이 있듯이 자신이 장점으로 여기는 것이 남들에게는 결점으로 보일 수도 있다. 또 자신이 아름답게 여기는 것을 남들은 추하게 여길 수도 있고, 자신이 고결하게 여기는 것을 남들은 상스럽게 여길 수도 있다.

하늘은 스스로 높다고 말하지 않고, 땅은 스스로 두텁다고 말하지 않는다.

자신이 얼마나 수양이 되었는지, 자신의 수완이 얼마나 대단한지는 남들이 보고 헤아리는 것이다. 그러므로 겸허하고 조심해야 하는 것이다. 겸허하고 조심함은 자신을 편안하게 하고 명예를 세우는 근본이다.

46.
가까운 사람이 더 질투한다

부귀할수록 변덕이 더 심하고
가까운 사이일수록 질투가 더 심하다.

뜨겁다가도 금방 차가워지는 변덕은
부귀한 사람이 가난한 사람보다 더 심하고,
시기하고 질투하는 마음은 가족이 남보다 더 심하다.
이러한 상황에서 냉정하고 평온한 기운을 발휘할 수 없다면
날마다 번뇌를 겪지 않는 날이 없을 것이다.

炎涼之態(염량지태)는 富貴(부귀)가
更甚於貧賤(갱심어빈천)하고,
妬忌之心(투기지심)은 骨肉(골육)이 尤狠於外人(우한어외인)이니,
此處(차처)에 若不當以冷腸(약부당이랭장)하며
御以平氣(어이평기)면
鮮不日坐煩惱障中矣(선불일좌번뇌장중의)라.
(前 135)

속담에 '어려움을 함께하기는 쉽지만, 부귀를 함께하기는 어렵다'고 했다. 빈궁할 때에 사람은 서로 하나가 되어 노력하지만 부귀해지면 갖가지 이해다툼이 벌어지기 마련이다.

역사적으로 숱하게 벌어진 궁중의 정변은 모두가 권력다툼에 따른 것이다. 한나라 무제(武帝), 무측천(武則天), 당나라 태종(太宗) 등은 모두 권력 때문에 골육지간에 피비린내 나는 다툼을 벌였다. 더욱이 수나라 양제(煬帝)는 태자로 책봉된 뒤에 좀 더 빨리 보위에 오르고 싶은 나머지 자신의 부친인 문제(文帝)를 시해하고 말았다. 중국의 24사(史)를 살펴보면, 부자지간에 서로를 죽이고 형제지간에 무력으로 맞선 추악한 이야기는 모두 권력 때문에 벌어진 것들이다.

한 걸음 나아가 살펴보면, 이는 인간의 이기심과 탐욕에서 비롯되는 것이다. 재물이 생기면 더 갖고 싶고, 권력을 쥐면 더 커지고 싶은 욕망은 끝이 없다. 사람은 수양의 정도를 높이고 이성적 지혜로 불욕을 불리쳐야 한다. 그래야 부귀는 오래 보존되고 천륜은 영원할 수 있다.

47.
덕은 없으면서 재능이 있는 사람은 위험하다

덕은 재능을 부리는 주인이고
재능은 더욱 섬기는 종이다.

덕은 재능의 주인이고 재능은 덕이 부리는 종이다.

재능이 있어도 덕이 없으면

주인 없이 종이 제멋대로 행동하는 것이니,

어찌 도깨비가 날뛰지 않겠는가?

德者(덕자)는 <u>才之主</u>(재지주)요, <u>才者</u>(재자)는 <u>德之奴</u>(덕지노)니
有才無德(유재무덕)은 如家無主而奴用事矣(여가무주이노용사의)라.
幾何不魍魎而猖狂(기하불망량이창광)이리오?

(前 139)

덕성은 재주의 주인이고, 재주는 덕성의 하인이다. 큰일을 하려는 사람은 재주를 갖추는 이외에 훌륭한 덕성을 갖추어야 한다. 덕성과 재주를 겸비하는 것은 큰일을 하기 위한 토대이다.

재주는 있지만 덕성이 없는 사람은 하인이 주인이 되는 것처럼 위험하다. 왜냐하면 그들은 자신의 재주를 이용하여 협잡하여 재물을 모아 자기 뱃속을 채우고, 또 권세를 이용하여 인재를 압박하고 자신의 잘못에 대해 온갖 궤변을 늘어놓음으로써 결국 사업의 실패, 국가의 멸망, 개인의 파멸을 가져올 수 있기 때문이다. 실제로 이런 사례는 지금 정치에서 예를 찾자고 하면 손꼽기도 힘들 정도로 많다.

재주는 덕성을 주재할 수 없으며, 더욱이 덕성을 대신할 수는 없다. 또한 덕성은 없으면서 재주만 지닌 사람은 덕성도 재주도 없는 사람보다도 사회에 더 큰 위해를 가한다. 재주는 있지만 덕성이 없는 사람은 쉽게 의롭지 못한 행위를 지지른다.

반면에 덕성은 있지만 재주가 없는 사람은 큰일을 하기 어렵다. 덕성과 재주를 겸비한 인재만이 큰일을 해낼 수 있다.

48.
실수는 내 탓, 공은 네 탓이라 여겨라

과실은 가급적 내가 책임지고
공은 되도록 남에게 양보하라.

과실은 다른 사람과 함께해야 하지만

공로는 함께하지 말라.

공로를 함께하면 곧 시기하게 된다.

어려움은 다름 사람과 함께하더라도

안락함은 함께하지 말라.

평안함을 함께하면 곧 원수가 된다.

當與人同過(당여인동과)나 不當與人同功(부당여인동공)이니

同功則相忌(동공즉상기)하고,

可與人共患難(가여인공환난)이나 不可與人共安樂(불가여인공안락)이니

安樂則相仇(안락즉상구)니라.

(前 141)

'한 배를 탄 인연'이라는 말이 있다. 사람은 짧은 세월 한 세상을 살다 갈 뿐이다. 서로 돕고 격려하며 어울려 삶을 누려야만 의미가 있다. 하지만 그렇게 한다는 것은 결코 쉽지 않다.

'새 사냥이 끝나면 활을 내던지고, 토끼 사냥이 끝나면 사냥개를 삶아 먹는다'는 옛말이 있다.

중국 역사상 한나라의 고조 유방(劉邦)과 명나라의 태조 주원장(朱元璋)은 공신을 대거 살해함으로써 후대 사람들에게 많은 생각을 하게 만들었다. 현실적으로 좋은 일은 함께 즐길 수는 있지만, 환난은 함께하지 못하는 경우가 많다. 공적이 있으면 가로채고, 과실이 있으면 들추고, 즐거움이 생기면 누리고, 어려움이 생기면 숨어 버리는 사람들이 있다.

동고동락하는 것은 사람의 아름다운 품성이자 이상적 경지이다. '허물은 자신의 책임으로 돌리고, 공로는 남에게 양보하는 것', 이는 수양한 사람이 갖춰야 할 아름다운 자질이다.

49

자신을 돌아보는 시간은 한밤중이 좋다

이목구비에 빠진 지혜는 접시처럼 얕고
책에 빠진 지혜는 바닷물처럼 깊다.

외로운 등불이 반딧불처럼 깜박거리고 세상이 고요해지니,

비로소 우리가 편히 쉴 때이다.

새벽 꿈에서 갓 깨어나

아직 만물의 움직임이 시작되지 않았으니,

비로소 우리가 혼돈에서 깨어날 때이다.

이때를 놓치지 않고 온 마음을 집중하여 자신을 비워 보라.

이목구비는 모두 나를 구속하고 있고,

정욕과 기호는 모두 마음을 병들게 하는 기계임을 알 수 있다.

一燈螢然(일등형연)에 萬籟無聲(만뢰무성)은
此吾人初入宴寂時也(차오인초입연적시야)요.
曉夢初醒(효몽초성)에 群動未起(군동미기)는
此吾人初出混沌處也(차오인초출혼돈처야)라.
乘此而一念廻光(승차이일념회광)하여 炯然返照(형연반조)하면
始知耳目口鼻(시지이목구비)는 皆桎梏(개질곡)이요
而情欲嗜好(이정욕기호)는 悉機械矣(실기계의)리라.

(前 146)

사람은 감각의 즐거움을 얻고자 잘못된 길을 걷게 된다. 듣기 좋은 말을 듣기 좋아하고, 보기 좋은 색깔을 보기 좋아하며, 맛있는 음식을 먹기 좋아하고, 좋은 냄새를 맡기 좋아한다. 때문에 어떤 사람은 아름다운 음악과 여색에 마음을 빼앗겨 헤어나지 못한다. 삶의 정취는 필요한 것이지만 순간의 쾌락을 위해 부정한 짓을 저질러서는 안 된다.

그렇다면 어떻게 해야 하는 것인가? 한밤중에 휴식을 취할 때는 정신과 육체가 안정이 된다. 그리고 꿈에서 깨어나면 정신과 육체는 다시 현실로 돌아와 현실과 어울리고 감각기관은 즐거움을 찾게 된다. 그러므로 삼라만상이 고요해진 밤중에 늘 자신을 반성해야 한다. 이목구비에 의해 만들어진 정욕 때문에 시비의 도덕적 기준에서 벗어나지는 않았는지, 감각적 쾌락을 추구하느라 마음의 고요함을 잃지는 않았던가를 반성하는 것이다. 한밤중에 반성하는 것은 실로 자신을 수양하고 본성을 키움에 있어서 좋은 방법이다.

50.
문제점은 나에게서 찾아라

> 자신을 반성하면 선의 기초가 되고
> 남을 원망하면 악의 근원이 된다.

스스로 반성하는 사람은 모든 일을 약으로 만들지만,

남을 원망하는 사람은 행동과 생각이 모두 창과 칼이 된다.

하나는 선으로 향하는 길을 열고,

다른 하나는 모든 악의 근원이 되니,

둘 사이는 하늘과 땅 차이다.

反己者(반기자)는 觸事(촉사)가 皆成藥石(개성약석)이요,

尤人者(우인자)는 動念(동념)이 卽是戈矛(즉시과모)라.

一以闢衆善之路(일이벽중선지로)하고

一以濬諸惡之源(일이준제악지원)하니 相去宵壤矣(상거소양의)라.

(前 147)

사람마다 문제를 대하는 방법과 태도가 다르기에 얻어지는 결론도 다르기 마련이다. 자극은 같더라도 반응은 제각각인 것이다. 따라서 자신을 충분히 점검한다면 모든 일은 자신의 거울이 될 수 있다.

　공자는 '어진 사람을 보면 그의 덕행을 본받을 것을 생각하고, 어질지 못한 사람을 보면 스스로 반성하라'고 하였다. '스스로 반성한다'는 것은 '자신에게서 문제점을 찾는' 것이다. 그러나 현실은 이와 정반대이기 십상이다.

　사람은 이런저런 갈등을 겪게 되면 대개 상대를 원망하게 된다. 충돌이 빚어지면 언제나 상대를 질책한다. 무슨 일에서든 자신은 항상 옳다고 생각한다. 언제나 자신의 입장에서 출발하는 이런 사람은 이기적이다. 대인 관계에 있어서도 이기적이다. 스스로 반성할 줄 모르기 때문에 균형 감각을 갖지 못하며, 또 발전하기도 어렵다.

　신문에서 범죄 사건을 보도하는 경우, 어떤 사람은 모방 범죄의 가능성 때문에 너무 원색적이고 상세한 보도는 불가하다고 주장한다. 하지만 공익을 앞세우고 법을 준수하는 사람의 입장에서 본다면 이런 보도는 하나의 거울이 된다고 여긴다. 같은 일이라도 사람에 따라서 반응은 서로 다를 수 있는 것이다.

51.
사람의 원칙과 신념은 언행으로 드러난다

부귀공명은 세상에 따라 변하지만
의기와 절조는 언제나 변함이 없다.

사업이나 학문은 모두 육체와 함께 사라지지만
정신은 영원히 새롭다.
부귀공명은 세상이 변화함에 따라 같이 변하지만
의기와 절조는 언제나 변함 없다.
군자는 절대 이것을 저것으로 바꾸지 않는다.

事業文章(사업문장)은 隨身銷毀(수신소훼)하되
而精神(이정신)은 萬古如新(만고여신)하고
功名富貴(공명부귀)는 逐世轉移(축세전이)하되
而氣節(이기절)은 千載一日(천재일일)하니
君子(군자)는 信不當以彼易此也(신부당이피역차야)라.
(前 148)

대장부는 세상을 살면서 지조가 있어야 한다. 지조란 무엇인가? 지조는 사람이 반드시 지녀야 할 용기와 절개이다.

중국 역사상 고상한 지조를 지녔던 인물은 수없이 많다. 악비(岳飛), 문천상(文天祥), 임칙서(林則徐) 등이 대표적인 인물이다. 그들은 역사를 지탱한 버팀목이 되었고, 그들의 지조에는 민족의 존엄과 인격의 역량이 담겨 있다. 그리고 그들의 지조는 생명의 신념과 생존의 지주가 되었다.

요컨대 지조는 정신이 구현하는 존엄과 숭고함이다. 이는 쉽게 사라지는 개인의 사업이나 부귀공명과는 달리 죽음과 더불어 비로소 끝나는 것이다.

지조는 시공을 초월하여 영원히 새로운 의미를 갖는다. 지조를 가진 자의 정신적 경지는 숭고하다. 지조는 스스로 드러낼 필요가 없으며, 늘 언행을 통하여 자연스럽게 드러난다.

지조는 그 정신의 근원이다. 지조는 사람됨의 원칙을 잊지 않게 하고, 민족과 국가의 이익을 잊지 않게 하며, 인격의 존엄성을 지키게 한다. 부귀공명은 한순간일 뿐이지만 지조를 지닌 자는 역사에 길이 전해지는 법이다.

52

괴로움을 제거하면 즐거움이 저절로 온다

흐린 것을 버리면 절로 맑아지고
괴로움을 버리면 저절로 즐거워진다.

물은 물결이 일지 않으면 저절로 고요해지고,

거울은 흐리지 않으면 스스로 맑아진다.

마음도 흐린 것을 버리면 저절로 맑아지고,

애써 찾지 않아도 괴로움만 버리면

즐거움이 저절로 나타난다.

水不波則自定(수불파즉자정)하고 鑑不翳則自明(감불예즉자명)이라.
故(고)로 心無可淸(심무가청)이니
去其混之者而淸自現(거기혼지자이청자현)하고
樂不必尋(낙불필심)이니 去其苦之者而樂自存(거기고지자이락자존)이라.
(前 151)

옛말에 '세상에는 본래 아무 일도 없건만 못난 사람은 그것을 근심한다'고 하였다. 살면서 겪는 숱한 고통과 번뇌는 외부에서 들어오는 것이 아니라 스스로 만들어 내는 것이다.

스스로 번뇌를 만드는 사람은 자신을 넘어서지 못한다. 옹졸한 마음이 그 가운데 하나이다. 옹졸한 사람은 남이 자신을 뒤에서 비웃고 자신의 단점을 비판한다고 여기게 되면, 스스로 부끄러운 짓을 저지른다. 그러나 그것이 직접 보고 들은 것이 아니기에 고민하고 고통스러워하며 자신과 힘을 겨룬다. 만약 이것이 근거 없는 것임을 분명히 인식한다면 마음은 저절로 편안해질 것이다. 그리하여 누군가 뒤에서 헐뜯을지라도 따지지 않게 될 것이며, 그리하여 자신에게는 아무런 근심이 없을 것이다.

이는 사람의 도량이다. 도량이 넓은 사람은 스스로 근심하지 않는다.

53.
작은 일이라도 의미가 있다

실천할 때는 작은 것부터 꼼꼼히 하고
선행을 베풀 때는 대가를 바라지 말라.

신중히 덕을 베풀려면

반드시 작은 일에서부터 신중해야 한다.

남에게 은혜를 베풀려면

갚지 못할 사람에게 힘써 베풀어라.

謹德(근)은 須謹於至微之事(수근어지미지사)하고
施恩(시은)은 務施於不報之人(무시어불보지인)하라.
(前 156)

'선은 작더라도 행하고, 악은 작더라도 행하지 말라'는 옛말이 있다. 이는 덕성의 수양은 주변의 사소한 것에서 출발된다는 것을 의미한다. 멀리 날기 좋아하고 서둘러 이루기 좋아하는 것은 공을 이루고 이익을 얻으려는 생각에서 비롯되는 것으로, 덕성을 수양하는 것과는 배치된다.

　남을 돕는 것도 그렇다. 진정으로 도움이 필요한 사람을 돕는 것이 가장 의미가 크다. 만약 선행을 빌려 명성을 얻으려 하거나 도움의 대상을 고려하지 않는다면, 이는 위선이며 무책임한 행동이다.

　그러므로 품행이 돈독한 사람은 작은 것에서부터 자신에게 엄격하다. 덕을 쌓고 선을 행하는 것은 실질적인 데에 이르러야 가치 있고 의미 있는 것이다.

54

의심이 많은 것은 자신이 남을 속이기 때문이다

남을 믿는 것은 내가 진실하기 때문이고
남을 의심하는 것은 내가 남을 속이기 때문이다.

남을 믿는 사람은 남들이 모두 진실하기 때문이 아니라
그 자신이 분명 진실하기 때문이다.
남을 의심하는 사람은 남들이 모두 속이기 때문이 아니라,
그 자신이 먼저 남들을 속이기 때문이다.

信人者(신인자)는 人未必盡誠(인미필진성)이라도
己則獨誠矣(기즉독성)요.
疑人者(의인)는 人未必皆詐(인미필개사)라도
己則先詐矣(기즉선사의)라.
(前 162)

남을 진실하게 대하는 것은 세상을 살아가는 기본원칙이다. 진실한 사람은 신뢰할 수밖에 없다. 진실한 사람은 앞에서는 좋은 말을 하고 등 뒤에서 비수를 꽂지는 않는다. 마음에도 없이 호감을 훔치고 신임을 얻어 자기 이익을 도모하지는 않는다. 진실한 사람은 정정당당하다. 전혀 꾸밈없이 마음을 열어 보인다. 자신에게 충실하고 남에게도 충실하다.

그러나 '호랑이는 그려도 호랑이 뼈는 그리지 못하는 법이고, 열 길 물 속은 알아도 한 길 사람 속은 모르는 법이다'라는 말이 있다. 진실하지 못한 사람은 눈꼽만한 것을 전체인 것처럼 내세운다. 입은 진실이라고 말하지만 마음은 의심으로 가득하다. 사람을 당황하게 만들고 친구조차 잃어버린다. 결국 아무도 어울리려 하지 않는다.

진실과 의심은 물과 불처럼 서로 용납하지 못한다. 진실한 사람과 진실하고자 하는 사람은 의심을 버려야 한다. 의심은 사람을 해친다. 자신을 깎아내리고 남도 깎아내린다.

55.

벗과 노인은 늘 극진히 대접하라

옛친구를 만나면 의기를 새롭게 하고
은밀한 일을 할 때는 마음을 분명히 하라.

옛 친구를 만나면 의기를 더욱 새롭게 하라.

은밀한 일을 처리할 때는 마음을 더욱 분명히 하라.

노쇠한 사람을 대할 때는 은혜와 예우를 더욱 두텁게 하라.

遇故舊之交(우고구지교)어든 意氣要愈新(의기요유신)하고
處隱微之事(처은미지사)어든 心迹宜愈顯(심적의유현)하며
待衰朽之人(대쇠후지인)이어든 恩禮當愈隆(은례당유륭)하라.

(前 165)

벗을 어떻게 대해야 하고 노인을 어떻게 존경해야 하는지 모른다면, 이는 교양도 지식도 없는 사람이다. '사람은 떠나가고, 차는 식어 버린다'는 말이 있다. 이는 위풍당당했던 권세를 잃어버린 벗에게는 보다 관심을 기울여야 한다는 말이다. 각별히 진실하고 열정적이어야 한다.

사람은 정정당당해야 한다. 어떤 자는 권세가에게는 온갖 아첨을 다하면서도 나이 들고 힘 없는 노인은 못 본 체 한다. 이 역시 권세와 재물에 빌붙는 행위이다. 남이 모르는 곳에서 사욕을 챙기려는 마음을 가져서는 안 된다.

어두운 곳에서는 밝은 곳에서보다 더 정정당당해야 한다. 대인관계와 일처리에 있어서 수양의 정도를 잘 보여줄 수 있는 것이다.

56.

남에게는 장점을 보고, 내게서는 단점을 보라

남의 잘못은 관대하게 용서하고
자신의 잘못은 엄격하게 질책한다.

다른 사람의 잘못은 너그럽게 용서해야 하지만,

자신의 과오를 용서해서는 안 된다.

나의 괴로움은 당연히 참아야 하지만,

다른 사람의 괴로움을 본다면 참아서는 안 된다.

人之過誤(인지과오)는 宜恕而在己則不可恕(의서이재기즉불가서)요.
己之困辱(기지곤욕)은 當忍而在人則不可忍(당인이재인즉불가인)이라.
(前 168)

남에게는 엄격하면서도 자신에게는 관대한 것은 흔한 일이다. 이는 자신과 남에 대한 기준이 다르기 때문이다. 남에 대해서는 전체주의적이고, 자신에 대해서는 자유주의적이다.

남에게서는 결점을 많이 보고, 자신에게서는 장점을 많이 본다. 남에 대한 비판은 가혹하다. 한 가지만 물고 늘어질 뿐 다른 것은 보지 않는다. 지금 모습은 보지 않고 지나간 은원(恩怨)과 시비를 들춘다.

반면 자신에 대한 비판은 가볍다. 객관적 상황을 내세우며 자신의 단점을 숨긴다. 자신의 발전은 생각조차 않으면서 남의 발전과 성공은 두려워한다.

이런 불건전한 마음가짐과 분위기는 쇄신해야 한다. 자신의 생각과 단점을 엄격하게 검증해야 한다. 아울러 남을 너그럽게 대하고, 또 선량한 행위를 하고 적극적으로 향상하도록 격려하고 지지해야 한다. 그러면 자신과 타인 모두가 발전할 수 있으며, 인간관계에 있어서의 갈등을 원만히 해결함으로써 적극적이고 건강한 환경을 만들 수 있다.

57

기이함과 이상함을 구분하라

억지로 기이해지려는 이는 이상한 사람이고
지나치게 깨끗해지려는 이는 과격한 사람이다.

세속을 벗어나면 그것이 바로 기인이다.

일부러 기이한 행동을 하는 사람은 기인이 아니라

이상한 사람이다.

세속의 더러움에 물들지 않으면

그것이 곧 청렴결백한 사람이다.

세속과 인연을 끊고 깨끗함을 구하는 자는

청렴한 사람이 아니라 과격한 사람이다.

能脫俗(능탈속)이 便是奇(변시기)니
作意尙奇者(작의상기자)는 不爲奇而爲異(불위기이위이)하고,
不合汚(불합오)면 便是淸(변시청)이니
絶俗求淸者(절속구청자)는 不爲淸而爲激(불위청이위격)이라.
(前 169)

세속의 명성과 이욕의 속박에서 벗어나 내심의 수양에 치력할 수 있다면 그야말로 '기인'이라고 할 것이다. 하지만 이런 경지는 결코 하루아침에 오는 것이 아니다. 살아가는 매순간에서 시작해야 한다. 이런 경지에 오른 사람의 기질과 풍모 역시 쉽게 배울 수는 없다. 만약 새롭고 신기한 행위로 기인이 되고자 한다면 남의 비웃음을 살 뿐이며, 비교할 수 없는 괴물처럼 되어 버릴 뿐이다.

　　청렴함은 고결한 기품이다. 진흙탕에서 나오면서도 물들지 않는 품행이다. 세속에 살면서도 마음에 정토(淨土)를 갖는 것이다. 세속을 훌쩍 떠나 일체의 욕망을 끊는 것을 청렴함이라고 여긴다면 그것은 커다란 착각이다.

58

엄격으로 시작해 너그러움으로 맺어라

은혜는 나중일수록 크게 베풀고
위엄은 처음일수록 엄격히 세운다.

은혜를 베풀 때는 반드시 가볍게 시작하여
나중에 무거워져야 한다.
먼저 무겁고 나중에 가벼우면 사람들은 은혜를
쉽게 잊어버린다.
위엄을 세울 때는 반드시 엄격하게 시작하여
관대해져야 한다.
먼저 너그럽게 하고 나중에 엄격하면
사람들은 혹독함을 원망한다.

恩宜自淡而濃(은의자담이농)이니
先濃後淡者(선농후담자)는 人忘其惠(인망기혜)하고,
威宜自嚴而寬(위의자엄이관)이니
先寬後嚴者(선관후엄자)는 人怨其酷(인원기혹)이니라.
(前 170)

남에게 은혜를 베풀거나 위엄을 세우거나 할 때는 방법이 중요하다. 은혜를 베풂은 작게 시작하여 커져야 하고, 위엄을 세움은 엄격하게 시작하여 너그러워져야 한다. 이는 밥 먹는 것에 비유할 수 있다. 맛있는 음식을 먹고 나서 거친 음식을 먹는다면 맛이 없게 마련이다. 그러나 그 반대라면 매우 맛있게 먹을 수 있다.

사람도 마찬가지이다. 처음에는 은혜를 후하게 베풀다가 나중에는 적게 베푼다면 사람들은 실망하고 원망한다. 반대로 처음에는 적게 베풀고 나중에 많이 베푼다면, 예상 밖의 은혜에 감격할 것이다.

그러므로 남을 도울 때는 조금씩 늘려가는 것이 효과적이다. 위엄을 세울 때는 엄격하게 한 다음에 조금씩 풀어 주는 것이 지혜롭다.

59

일단 시작한 일이라면 이익은 잊어라

일을 하기 전에는 이해관계를 살피고
일을 시작해서는 이해관계를 잊는다.

일을 의논하는 사람은 몸을 그 일 밖에 두어
이해의 실상을 살피고,
일을 맡은 사람은 몸을 그 일 안에 두어
이해에 대한 생각을 잊어야 한다.

議事者(의사자)는 身在事外(신재사외)하여
宜悉利害之情(의실리해지정)하고,
任事者(임사자)는 身居事中(신거사중)하여
當忘利害之慮(당망리해지려)니라.
(前 176)

일에 있어서 방관자가 되는 것과 당사자가 되는 것은 다른 것이지만 같은 점도 있다.

남의 공과와 시비를 논할 때는 객관적 사실에 근거해야 한다. 어느 일방에 치우쳐 비호해서는 안 되며, 고의로 남을 모함해서도 안 된다. 그래야만 객관적이고 공정한 입장에서 의견을 개진할 수 있고, 그 의견은 신뢰성을 지닐 수 있다.

일 처리에 있어서 자신의 이해득실을 따져서는 안 되며, 자신의 이익을 위해 남에게 손실을 끼쳐서는 안 된다. 개인적 이익을 잊어야만 자신이 맡은 일에 전심전력할 수 있다.

어떤 일을 맡아서는 성실하고 믿음이 있는 사람이 되어야 한다. 그래야만 일을 감당할 자격을 갖게 되고, 남의 신뢰도 얻을 수 있다.

60.

자신을 포장하는 것은 남을 속이는 것이다

재주가 뛰어나면 시기를 받고
덕이 높으면 비방이 뒤따른다.

지조와 의리를 내세우는 사람은

지조와 의리 때문에 비난을 받고,

도덕과 학문을 내세우는 사람은

도덕과 학문 때문에 원망을 산다.

고로 군자는 악행을 가까이 하지 않을 뿐만 아니라

명예로움에도 쉽게 서지 않는다.

오로지 혼연한 화기만을 그 몸을 보전하는 보배로 삼는다.

標節義者(표절의자)는 必以節義受謗(필이절의수방)하고

榜道學者(방도학자)는 常因道學招尤(상인도학초우)라.

故(고)로 君子(군자)는 不近惡事(불근악사)하고

亦不立善名(역불립선명)하니 只渾然和氣(지혼연화기)가

纔是居身之珍(재시거신지진)이니라.

(前 178)

사람들은 자신을 드러내며 허풍을 떠는 거짓 도학자와 거짓 군자를 혐오한다. 진실하다면 남을 속이지 않을 것이기 때문이다.

노자는 '진실한 말은 소박하고 꾸미지 않으며, 아름답게 꾸민 말은 진실하지 않다. 선량한 사람은 충실하고 변명을 하지 않으며, 변명을 잘하는 사람은 선량하지 않다. 진실로 아는 사람은 많은 것을 추구하지 않고, 많은 것을 추구하는 사람은 진실로 아는 것이 아니다'라고 하였다.

학문 도덕은 결코 허풍으로 이루어지는 것이 아니라 각고의 노력을 통하여 쌓아야만 이루어지는 것이다.

허황된 명성을 좋아하는 사람은 자신에게 도덕의 외피를 씌워 놓는다. 이런 사람은 사기성이 짙다. 세력을 얻으면 도덕군자로 가장하고 사욕을 채운다. 이런 사람은 결말이 좋지 않은 법이다. 사람들에게 버림받고 만다.

자신을 세우고 세상을 살아가는 분명한 원칙은 자신을 드러내는 것이 아니라 마음을 가다듬어 인격을 완성하고 원만하고 조화로운 마음을 갖는 것이다.

61.
먼저 따뜻한 사람이 되어주어라

진실한 마음은 상대방을 감동시키고
의로운 마음은 상대방을 분발시킨다.

━━━

속임수를 쓰는 사람은 성심껏 감동시키고
포악한 사람은 온정으로 감화시켜라.
사악함에 빠져 사리사욕만 꾀하는 사람은
대의명분과 절조로 격려하고 인도하라.
그러면 나의 다스림 속에 들지 않는 사람이 없다.

━━━

遇欺詐的人(우기사적인)이어든 以誠心感動之(이성심감동지)하고,
遇暴戾的人(우폭려적인)이어든 以和氣薰蒸之(이화기훈증지)하며,
遇傾邪私曲的人(우경사사곡적인)이어든
以名義氣節激礪之(이명의기절격려지)하면,
天下(천하)에 無不入我陶冶中矣(무불입아도야중의)니라.
(前 179)

앞서 덕은 사업의 기초이고, 재주의 주인임을 누차 강조하였다. 또 덕으로 인생을 도야(陶冶)할 것도 강조하였다. 도덕을 기초로 삼아야만 자신의 덕성으로 다른 사람을 감화시킬 수 있다.

이 글에서는 세 가지 경우를 들었는데, 요지는 대인관계에 있어서 덕으로 남을 잘 감화시켜야 한다는 것이다. 중국의 삼국시대에 제갈량이 맹획(孟獲)을 일곱 번 사로잡았던 것은 이런 측면을 보여준다.

제갈량과 비슷한 지혜를 지닌 인물이라면 전쟁터에서 덕으로 상대를 항복시킬 수 있다. 오늘날처럼 평화로운 환경에서는 우리가 속한 집단에서 더욱이 덕으로 아랫사람이나 동료, 벗을 감화시켜야 한다. 유비의 경우 역시 덕으로 백성들을 다스리고, 인재를 불러모았다. '삼고초려(三顧草廬)'의 일화는 천고에 길이 전해지는 아름다운 이야기이다.

인간관계에 있어서 덕성으로 도야하는 것은 인간적 감화력을 지닌 것이다. 세상을 더 아름답게 만들기 위해, 더 많은 사람들이 인간관계에서 봄날 같은 따뜻함을 느끼게 하기 위해 자신과 타인을 덕으로 도야하고 용해시켜야 한다.

62

소소한 일부터 마음을 다해라

남의 마음을 어둡게 하지 말고
남의 인정을 가혹하게 하지 말라.

나의 마음을 어둡게 하지 말고,

남의 인정에 가혹하지 말며,

사물의 힘을 다 쓰지 말라.

이 세 가지는 천지를 위하여 마음을 세우고

모든 사람을 위하여 목숨을 세우며

자손을 위하여 복을 만드는 길이다.

不昧己心(불매기심)하고 不盡人情(부진인정)하며
不竭物力(불갈물력)하라.
三者可以爲天地立心(삼자가이위천지립심)하고
爲生民立命(위생민입명)하며 爲子孫造福(위자손조복)이라.
(前 185)

옛사람은 '먼저 자신을 완성하고 나서 만물을 이루어준다'는 인생철학을 갖고 있었다. 먼저 자신의 수양을 이루어야만 쓸모 있는 사람이 되고 만물에게 복을 가져다줄 수 있다는 말이다.

만약 '자기의 마음을 어둡게 하지 않고, 사람의 인정을 다하지 않으며, 물건의 힘을 다하지 않는다'는 최소한의 수양도 없다면 '천지를 위해 마음을 세우고, 백성을 위해 목숨을 걸며, 자신을 위해 복을 만드는' 것은 상상도 할 수 없는 일이다.

위대한 일을 이루려면 반드시 자신의 수양에서 시작해야 한다. 자아의 수양은 생활의 사소한 것에서부터 시작된다. 부단한 수양과 연마를 거쳐 공정무사한 사람이 될 수 있고, 나아가 세상 사람들을 위해 정력을 다하고 후손에게 복을 줄 수 있다. 그러면 '세상 사람들의 근심을 먼저 걱정하고, 세상 사람들의 즐거움을 나중 즐기는' 숭고한 정신적 경지에 이르게 되는 것이다.

63.
지금 부유할지라도 가난의 고통을 생각하라

부귀할 때 가난의 고통을 생각하고
젊고 건강할 때 노년의 괴로움을 생각한다.

부귀할 때에는 마땅히

빈천함의 고통을 알아야 하고,

젊고 왕성한 시기에는

반드시 노쇠함의 괴로움을 생각해야 한다.

處富貴之地(처부귀지지)엔 要知貧賤的痛痒(요지빈천적통양)하고,
當小壯之時(당소장지시)엔 須念衰老的辛酸(수념쇠로적신산)하라.
(前 187)

부유하게 지내면서 가난함을 생각하고, 편안함을 얻고서도 위태로움을 잊지 않으며, 소유하면서도 잃어버림을 잊지 않고, 다스려짐에서도 혼란해짐을 잊지 않는다. 위태로움을 생각해야 편안할 수 있고, 물러남을 생각해야 나아갈 수 있으며, 혼란을 두려워해야 다스릴 수 있고, 경계하여야 보존할 수 있다.

　　하늘의 변화는 헤아리기 어렵기 때문에 인간의 운명에 대한 지배도 예측하기 어렵다. 때로는 사람을 궁지에 몰아넣고 나서 다시 뜻을 이루게 하는가 하면, 때로는 먼저 뜻을 이루게 한 다음에 좌절하게 만들기도 한다.

　　사람은 일이 뜻대로 되지 않을 때에 인내하고 환경에 적응해야 해야, 평안할 때에 다가올 위험을 준비할 수 있다. 만약 이런 경지에 이를 수 있다면 하늘도 그런 사람을 괴롭히지는 않을 것이다.

64.
강철은 오랜 단련으로 탄생한다

첫술에 배부를 수 없고
천릿길도 한 걸음부터 시작한다.

수양은 쇠를 백 번 단련하듯 하라.

손쉽게 이룬 것은 깊은 수양이 아니다.

베푸는 것은 마땅히 무거운 쇠뇌(쇠로 된 발사 장치가 된 활)와 같이 하라.

가볍게 쏘는 자는 큰 공을 이룰 수 없다.

磨礪(마려)는 當如百鍊之金(당여백련지금)이니

急就者(급취자)는 非邃養(비수양)이요.

施爲(시위)는 宜似千鈞之弩(의사천균지노)니

輕發者(경발자)는 無宏功(무굉공)이라.

(前 191)

수많은 단련 과정을 거쳐야 훌륭한 강철이 탄생된다. 마찬가지로 심신을 수양하고, 사업을 성취하는 것도 하루아침에 이룰 수 있는 것이 아니다. 오랜 연마와 양성이 필요하며, 서두르거나 급급한 마음을 조금도 가져서는 안 된다.

속담에 '많은 공을 들이면 쇠몽둥이도 갈아서 바늘을 만든다'고 하였다. 많은 노력이 필요하다는 말이다. 노력과 대가는 정비례한다. 씨앗을 뿌리지 않고 수확할 수는 없다. 밭을 갈지 않고 풍성한 수확을 할 수는 없다.

좋은 말은 영웅을 만나야 천리를 달릴 수 있고, 강한 활은 장사를 만나야 멀리 날아갈 수 있다. 아무렇게나 쏘면 기대한 효과를 거둘 수 없다. 오랜 수련을 쌓은 다음에 쏘아야만 백발백중할 수 있는 것이다.

65.
타인의 아첨을 경계하라

소인배의 아부를 경계하고
군자의 질책을 달게 받아라.

소인에게 미움과 욕을 들을지라도

소인으로부터 아첨과 칭찬 받는 일은 없도록 하라.

군자로부터 꾸짖음과 깨우침을 받더라도

군자로부터 포용 받는 일은 없도록 하라.

寧爲小人所忌毀(영위소인소기훼)이언정

毋爲小人所媚悅(무위소인소미열)하고

寧爲君子所責修(영위군자소책수)이언정

毋爲君子所包容(무위군자소포용)하라.

(前 192)

하늘이 내린 재능은 크기도 하고 작기도 하지만, 하늘이 내린 절개는 높고 낮음이 없다. 사람이 고상한 절개를 가졌는가는 전적으로 자신의 수련에 달려 있다.

절개가 고상한가는 타인의 자신에 대한 태도를 통해 엿볼 수 있다. 통상 소인이 칭송하는 것은 결코 좋은 것이 아니며, 소인에게 비방 당하는 것은 나쁜 것이 아니다. 소인이 좋아하는 것은 늘 추악한 언행이기 때문이다.

반대로 군자의 칭찬이나 비판은 자신의 태도가 거울로 삼을 만한 것이기 때문에 기뻐해도 된다. 더욱이 군자의 질책은 자신을 제고할 절호의 기회이다.

67.
초년의 고생은 마음의 재산이다

뜻대로 되지 않는다고 의기 소침하지 말고
순조롭게 풀린다고 방심하지 말라.

뜻대로 되지 않는다고 근심하지 말며,

마음이 흡족하다 하여 기뻐하지 말라.

오랫동안 무사하기를 믿지 말고,

처음이 어렵다고 꺼리지 말라.

毋憂拂意(무우불의)하고 毋喜快心(무희쾌심)하며
毋恃久安(무시구안)하고 毋憚初難(무탄초난)하라.
(前 202)

'크게 노할 일에 노하지 않고, 크게 기뻐할 일에 기뻐하지 않으면 마음을 기를 수 있다'는 옛사람의 말이 있다.

세상일은 일정하지 않고 변화는 헤아릴 수 없다. 뜻대로 되고 안정됨은 기쁜 일이지만 세상 일은 늘 변화하기 때문에 득의와 실의, 행복과 재난은 서로를 위한 조건이 되고 뒤바뀐다. 실의는 득의의 토대이고, 득의는 실의의 근원인 것이다. 화는 그 안에 복을 지니고 있고, 복은 그 속에 화를 지니고 있다. 그러므로 사람은 편안한 마음으로 인생의 기복에 대처하고, 변화의 태도로 닥쳐오는 도전을 맞이해야만 삶을 나날이 키워 나갈 수 있다.

서한의 경포는 유방에게 투항할 때, 유방이 침대에 걸터앉아 발을 씻으며 자신을 맞이하는 모습을 보고 몹시 분개하여 자살까지 생각하였다. 하지만 지내면서 보니 음식, 시종, 거처가 유방과 다르지 않았기에 그는 기뻐하였다. 자신이 생각했던 것보다 대우가 훨씬 좋았던 것이다.

세상에는 주도권을 잡을 수 없거나, 노력만으로는 이룰 수 없는 일이 있다. 그저 본분을 다할 수밖에 없는 일들이 숱하다. 일을 하는 것은 사람에게 달렸지만, 일을 이루는 것은 하늘에 달려 있다. 이런 이치를 잘 이해한다면 외부적 압력에 따른 고통 때문에 가슴 답답해하거나 나아가지 못하고 망설이지는 않을 것이다.

67.
냉철한 안목을 길러라

냉철한 눈으로 사람을 보고
냉철한 귀로 말을 들으라.

냉철한 눈으로 사람을 보고,

냉철한 귀로 말을 들으며,

냉철한 정으로 느낌을 대하고,

냉철한 마음으로 도리를 생각하라.

冷眼觀人(냉안관인)하고 冷耳聽語(냉이청어)하며
冷情當感(냉정당감)하고 冷心思理(냉심사리)하라.
(前 206)

냉철하게 사람을 살피고, 이지(理智)로 세상을 살아가라.

이는 인생의 철학이자, 일종의 처세이다. 냉철하게 사람을 살피면 겉모습에 속지 않고, 냉철하게 남의 말을 들으면 거짓말에 속지 않아서 소인의 비방을 잘못 믿거나 해를 당하지 않을 것이다. 냉철한 태도로 외부 세계를 대하면 자신에게 더해지는 질책이나 찬사에 성내거나 기뻐하지 않을 것이다. 냉철한 머리로 이치를 생각하는 것은 지혜로움이다.

사람의 지혜는 신기한 것이다. 지혜는 자신을 바꿀 수 있고, 남을 변화시킬 수 있으며, 세상 만물을 바꿔 놓을 수 있다. 지혜는 태양이 천지를 비추듯 영원히 빛나고 길이 존재한다. 하지만 지혜는 냉철함의 모체이기에 냉철함을 떠나면 생명의 근원을 잃게 된다.

68

공을 들여야 원하는 것을 얻는다

> 잡생각으로 꽉 찬 사람은 주관이 없고
> 침착하고 온화한 사람은 지혜가 있다.

성질이 조급하고 마음이 거친 사람은
한 가지 일도 이룰 수가 없다.
마음이 평화롭고 유순한 기상의 사람은
백 가지 복이 저절로 모여든다.

性燥心粗者(성조심조자)는 一事無成(일사무성)이요
心和氣平者(심화기평자)는 百福自集(백복자집)이니라.
(前 209)

성미가 조급한 사람은 일을 빨리 완성하려고 한다. 그들은 인내심이 부족하며, 양만 따질 뿐 질은 고려하지 않는다. 성미가 데면스러운 사람은 일에 대한 책임감이 부족하고, 일을 벌여 놓기 좋아한다. 이 두 가지 유형의 치명적 약점은 무슨 일을 하든 실패한다는 것이다.

부자가 되고 싶다면 먼저 벼락부자가 되겠다는 유치한 생각부터 버려야 한다. 하지만 우리는 '빨리빨리'라는 속성문화에 놓여 있다. 모든 것이 속도와 효율을 강조한다. 식사는 패스트푸드점에서 하고, 우편물은 특급우편으로 부치고, 공부는 속성반에서 한다. 사람들은 갈수록 공을 이루고 이익을 얻는 데 매달린다. 인내심이 없다. 하지만 인내심과 의지가 없으면 아무것도 이룰 수 없다.

한술 밥에 뚱보가 되기란 불가능하다. 대다수 부자들의 많은 재산은 작은 것에서 시작하여 오랜 기간에 걸쳐 모은 것이다. 차분차분 공을 들여야 원하는 것을 이루어낼 수 있다.

69.

각박함과 넘치는 것을 경계하라

타인에게 각박하게 대하지 말고
친구에게 도가 넘치지 않게 하라

━━━━

사람을 쓸 때는 각박하게 하지 말라.

각박하면 일하려던 사람마저 떠나버린다.

친구를 사귈 때에는 넘치지 않게 하라.

넘치면 아첨하는 사람이 다가온다.

━━━━

用人(용인)엔 <u>不宜刻</u>(불의각)이니 <u>刻則思效者去</u>(각즉사효자거)하고,

交友(교우)엔 不宜濫(불의남)이니 濫則貢諛者來(남즉공유자래)하니라.

(前 210)

경영자는 부하 직원을 각박하게 대해서는 결코 안 된다. 경영자는 직권으로 짓누르고 부하 직원은 참고 견뎌야 하는 비정상적 상하 관계는 기업 발전을 저해하는 한 요인이다.

H는 상요의 부회장을 지내고 나중에 마쓰시다로 자리를 옮긴 인물이다. 그가 공장장으로 근무할 때 공장에 화재 사건이 발생하였다. H는 너무 당황하여 자신은 해고당하거나 강등될 것이라고 여겼다. 하지만 뜻밖에도 마쓰시다 본사에서는 보고를 접한 뒤에 그에게 이렇게 지시를 내렸다.

"원만히 처리할 것!"

화재 사건 이후에 아무런 징벌도 받지 않았던 H는 부끄러운 마음에 마쓰시다를 위해 더욱 열심히 일하는 것으로 보답하였다.

경영자는 사원들과 마음을 열고 대화해야 한다. 벗은 잘 선택하여 사귀어야지 함부로 어울려서는 안 된다. 어려움을 함께하고 잘못을 지적해 줄 수 있는 벗이라야 좋은 스승이 될 수 있는 벗인 것이다. 어울려 술이나 마시는 벗과의 사귐은 끊어야 한다.

70

세상에 나보다 못한 사람은 없다

윗사람에게는 조신하게 대하고
아랫사람에게는 너그럽게 대하라.

대인을 두려워하라.

대인을 두려워하면 방종한 마음이 없어진다.

보통 사람도 또한 두려워하라.

보통 사람을 두려워하면 횡포하다는 소리를 듣지 않는다.

大人(대인)은 不可不畏(불가불외)니
畏大人(외대인)이면 則無放逸之心(즉무방일지심)하고
小人(소인)도 亦不可畏(역불가외)니
畏小人(외소인)이면 則無豪橫之名(즉무호횡지명)이니라.

(前 214)

•

성공을 바란다면 도덕적 명망이 있는 인물을 최대한 예우하고 그의 가르침을 받아야 한다. 그러다 보면 자신을 능가하는 뛰어난 인재들이 모여들고, 자신도 생각을 함부로 갖지 않게 된다.

아랫사람에게 묻는 것을 부끄럽게 여기지 말아야 한다. 평민들에게도 경의를 표하고, 그들의 의견에 귀를 기울여야 한다. 그러면 나쁜 평판은 없어질 것이며 오히려 충심으로 자신을 따르는 인재들이 모여들 것이다.

사람을 똑같이 대한다면 모여드는 사람들은 자신과 능력이 엇비슷한 사람들일 것이다. 그러나 권력을 잡고서 사람을 난폭하게 부린다면 낮은 벼슬아치들만이 추종할 것이다. 옥석을 가리지 않고 사람을 함부로 꾸짖는다면 주변에는 노복들만 남게 될 것이다.

지도자가 되어 인재가 없다고 한탄하지 말라. 천리마를 찾기 어려운 것이 아니라 백락(伯樂)처럼 되기가 어려운 것이다. 윗사람은 공경하고, 아랫사람은 능력을 충분히 발휘하게 해야 한다. 모두가 유용한 인재가 될 수 있다고 믿고서 일을 합리적으로 배분한다면 호감을 얻게 될 것이다.

71.

기쁨에 따라 행동하면 실수가 많다

가볍게 승낙하면 화가 생기고
게으르게 대처하면 아무 일도 못한다.

기쁨에 들떠 가벼이 승낙하지 말라.

술 취함을 빙자하여 성내지 말라.

즐거운 마음에 들떠 일을 많이 하지 말며,

고달프다 하여 끝맺음을 소홀히 하지 말라.

不可乘喜而輕諾(불가승희이경낙)하고 不可因醉而生嗔(불가인취이생진)하며
不可乘快而多事(불가승쾌이다사)하고 不可因倦而鮮終(불가인권이선종)이라.
(前 216)

자만하여 자신의 처지를 잊어버리지 말라. 기회주의자들에게 이용당한다. 술에 취해 자신의 언행을 함부로 하지 말라. 화를 자초한다.

서한의 관부(灌夫)는 성품이 강직하고 술을 즐겼다. 그는 승상(丞相) 전분(田蚡)의 혼례식에서 술에 취해 전분에게 욕설을 퍼부었다가 화를 자초하고 말았다.

기분에 따라 일을 처리함으로써 자신과 무관한 문제를 야기해서는 안 된다. 일시적 나태함으로 일을 중도에 그만두어서도 안 된다. 이는 옛사람이 경계한 천고의 잠언이다.

경솔하게 승낙하는 사람을 믿는 사람은 많지 않다. 또 술에 취해 불손한 말을 내뱉는 사람을 기꺼이 도와주는 사람도 없다. 더욱이 말썽을 일으키고 생각 없이 일하는 사람을 존중하는 사람은 없다.

덕을 쌓고 자신을 수양할 일이지, 즉흥적으로 행동해서는 안 될 일이다.

72
어중간한 사람은 다스리기가 어렵다

반쯤 찬 술이 가장 잘 튀고
어설픈 재주를 가진 사람이 잘난 체 한다.

통달한 사람이 무엇을 생각하고 무엇을 근심하랴.

어리석은 사람은 아는 것도 없고 생각마저 없어

더불어 학문을 논할 수도 있고

더불어 공업을 이룰 수도 있다.

그러나 그 중간에 드는 사람은

나름대로 생각과 지식이 많고 억측과 시기도 많아

일마다 더불어 하기가 어렵다.

至人(지인)은 何思何慮(하사하려)리오?

愚人(우인)은 不識不知(불식부지)하다.

可與論學(가여론학)하고 亦可與建功(역가여건공)이라.

唯中才的人(유중재적인)은 多一番思慮知識(다일번사려지식)하니,

便多一番億度猜疑(변다일번억탁시의)하여

事事難與下手(사사난여하수)라.

(前 219)

똑똑함이 극치에 이른 사람과 우둔함이 극치에 이른 사람은 모두 마음이 깨끗하고 사심이 없다. 하지만 지혜와 생각은 높지 않고, 의심과 교활함이 지나친 사람은 가장 함께하기 어려운 대상이다.

총명한 사람은 벗을 가려서 사귄다. 슬기로운 사람을 선택했을 때는 원만한 분위기 속에서 좋은 영향을 받게 되고, 어리석은 사람을 선택했을 때에는 역겨운 인간들을 피하여 안전한 환경에서 살아갈 수 있다.

주변에는 군자와 소인 두 부류가 있다. 소인은 주변의 크고 작은 이익에 집착하여 갖은 수단을 부려 남을 해하고 이익을 차지하려 한다. 불행히도 주위에 온통 소인뿐이라면 그들과 어울릴 수밖에 없다. 그렇다면 방법은 한 가지뿐이다. 자신의 지혜를 감추고 모자란 듯이 행동하는 것이다.

73

입을 탓하기 전에 생각부터 단속하라

입은 곧 마음의 문이고
뜻은 곧 마음의 발이다.

입은 곧 마음의 문이다.

입 지키기를 엄밀히 하지 못하면

마음의 참된 기밀이 모두 누설된다.

뜻은 곧 마음의 발이다.

뜻 막기를 엄격히 하지 못하면

마음은 그릇된 길로 달아나 버린다.

口乃心之門(구내심지문)이니

守口不密(수구불밀)하면 洩盡眞機(설진진기)하고,

意乃心之足(의내심지족)이니

防意不嚴(방의불엄)하면 走盡邪蹊(주진사혜)니라.

(前 220)

속담에 '병은 입으로 들어오고, 화는 입에서 나간다'고 한다. 참으로 적절한 표현이다. 다툼이 생겨나는 것은 부적절한 언어 때문인 경우가 가장 많다. 한순간 신중하지 않게 내뱉은 말은 후회해도 소용없는 많은 문제를 만들어낸다.

소혜의 남편은 말하기를 좋아하였다. 때로는 유머러스하지만 때로는 썰렁했다. 한번은 그가 친구의 면전에서 이렇게 말했다.

"다른 연인이나 부부는 서로 눈을 바라보는데, 나는 오히려 눈을 피한단 말이야!"

소혜는 이 말을 듣고 화를 참지 못하여 이혼을 요구했다.

눈은 마음의 창이고, 입은 마음의 문이다. 입을 함부로 놀리면 마음속 생각을 알 수 없다. 공자도 일찍이 후인들을 경계하여 '군자의 말은 반드시 신중하고 적게 하여야 한다'고 하였다. 그래야만 말이 많아서 초래되는 화를 피할 수 있다.

생각은 행동을 결정한다. 어떤 생각을 품으면 그것이 행동으로 표현되는 것이다. 자신의 생각을 움켜쥐는 것은 자신의 행위를 움켜쥐는 것이다. 그러므로 평소 항상 생각을 단속함에 주의하여, 그것이 고삐 풀린 망아지처럼 되지 않게 함으로써 비뚤어진 길로 들어서는 것을 막아야 한다.

74.
남의 허물을 이해하면 타인의 존중을 받는다

남의 허물에는 너그러워야 하고
자신의 허물에는 엄격해야 한다.

남을 꾸짖을 때는

허물 있는 중에서 허물 없음을 찾아내라.

그러면 감정이 평온해진다.

자기를 꾸짖을 때는

허물 없는 중에서 허물 있음을 찾아내라.

그러면 덕이 자라난다.

責人者(책인자)는 原無過於有過之中(원무과어유과지중)하면
則情平(즉정평)하고,
責己者(책기자)는 求有過於無過之內(구유과어무과지내)하면
則德眞(즉덕진)이라.
(前 221)

바다가 온갖 개천의 물을 받아들이듯, 관용은 인간의 감정을 받아들이는 공간이다. 이 공간이 커야만 자신의 감정이 전환할 여지가 생기고, 화를 내거나 정서가 흔들리지 않을 수 있으며, 의미 없는 사소한 일에 얽매이지 않을 수 있다.

미국의 전투기 조종사인 후어가 에어쇼에 참가하고 로스앤젤레스로 돌아가던 중에 기체에 고장이 났다. 조사 결과 사고원인은 연료 결함으로 밝혀졌고, 급유를 맡았던 정비공의 낯빛은 잿빛이 되었다. 하지만 후어는 그에게 전혀 화를 내지 않았다. 오히려 가책을 느끼는 정비공을 끌어안고 진심으로 말했다.

"당신이 솜씨가 좋다는 것을 증명하기 위해 당신에게 내 비행기의 유지보수를 맡기겠소."

이후로 비행기에는 더 이상 어떤 결함도 발생하지 않았다.

남의 과실을 감싸주고 이해하고 존중하면 자신도 남의 존중과 신임을 받을 수 있다. 또한 자신도 적시에 반성하고, 과실이 있으면 즉각 고치며, 과실을 범하지 않도록 조심해야 한다.

75

청춘은 짧고 좋은 경치는 오래가지 못한다

진한 것은 쉽게 사라지고
담백한 것은 오래간다.

복숭아꽃과 배꽃이 비록 곱지만

어찌 저 푸른 송백의 곧고 굳음만 하랴.

배와 살구가 비록 달지만

노란 유자와 푸른 귤의 맑은 향기만 하랴.

참으로 옳은 말이다.

너무 고와 빨리 지는 것보다

담백하여 오래가는 것이 좋고

일찍 빼어난 것보다 늦게 이루는 것이 한결 낫다.

桃李雖艶(도리수염)이나 何如松蒼栢翠之堅貞(하여송창백취지견정)하며,
梨杏雖甘(이행수감)이나 何如橙黃橘綠之馨冽(하여등황귤록지형렬)이리오?
信乎(신호)라 濃夭不及淡久(농요불급담구)하며
早秀不如晩成也(조수불여만성야)로다.
(前 224)

복사꽃과 오얏꽃의 아름다움, 배와 살구의 상큼함, 소나무와 잣나무의 푸름, 유자와 귤의 향긋함은 모두 각각이 지닌 특징이다. 꽃은 피되 열매가 맺지 않는다면 꽃이 아무리 곱더라도 '꽃병에 꽂인 꽃'과 같을 뿐이다. 꽃이 피고 열매가 맺어야만 완전한 아름다움인 것이다. 내면의 아름다움과 외양의 아름다움은 서로 융합되어야만 사람들을 유쾌하게 만들 수 있다.

사람도 마찬가지이다. 청춘은 아름답지만 짧다. 봄날의 볕과 경치는 훌쩍 지나가고, 좋은 경치는 오래가지 못하는 법이다. 어떤 사람은 아름다움으로 청춘을 짓밟기도 한다. 나쁜 사람과 벗이 되고, 좋은 사람과 원한을 맺는다. 성현의 글을 읽지 않고, 남의 충고를 듣지 않고, 거칠고 무지함으로 나아간다. 그렇다면 청춘의 아름다움을 어디에 쓰겠는가?

젊은 시절에 뜻을 이루면 자만하게 된다. 성공한 뒤에 다시 실패한다면 성공이 무슨 의미가 있겠는가? 하지만 실패한 후의 성공은 남다른 의미가 있다. 그러므로 아름답지만 향기가 없는 것은 담백하면서도 오래가는 것만 못하다. 젊은 시절에 뜻을 이루고 자만한다면 뒤늦게 이루는 것만 못하다.

2. 후편(後篇)

뱉은 말은 행동으로 옮겨라 / 살아있는 것 자체가 행복이다 / 마음이 부자이면 삶의 즐거움을 안다 / 욕심 없이 열심히 할 때 하늘이 돕는다 / 인생은 짧다 / 세상에서 가장 긴 것도, 짧은 것도 시간이다 / 기회는 항상 우리 곁을 맴돈다 / 자연과 벗삼아 사는 것은 멋스럽다 / 멀리 내다보고 마음의 준비를 하라 / 한 걸음 물러서는 법을 배워라 / 위기 앞에서 정신을 가다듬어라 / 나설 때와 물러날 때를 알아라 / 적당히 만족하면 남이 부럽지 않다 / 명성을 좇으면 자유를 잃는다 / 자유롭고 싶다면 주변을 가볍게 하라 / 쉽게 오는 즐거움은 쉽게 떠난다 / 사실 진리는 지극히 평범하다 / 고요한 사람은 문제에 휘말리지 않는다 / 지나친 욕망은 집착이 된다 / 짙음은 엷음만 못하다 / 몸은 속세에 있지만 마음은 속세를 초월하라 / 내 마음이 고요하면 남이 나를 속이지 못한다 / 욕심 없이 운치가 있다면 신선과 같다 / 영화를 바라지 않으면 미끼에 걸리지 않는다 / 시와 그림을 가까이 하라 / 때로는 마음이 해답을 알려준다 / 의심을 버리고 세상을 보라 / 세상의 잣대에서 벗어나라 / 소박할수록 풍요롭다 / 앞사람의 성숙함에서 세상을 배워라 / 일상의 즐거움이 참다운 기쁨이다 / 살아 있는 모든 것은 언젠가 죽는다 / 마음을 비우면 몸까지 한가롭다 / 자연은 소리는 최상의 문장이다 / 사람의 마음을 채우기는 쉽지 않다 / 마음에 생기를 불어넣어라 / 둘러싼 환경에 얽매이지 마라 / 세상은 내일 어떻게 달라질지 모른다 / 최선을 다하되 무심히 즐겨라 / 가장 좋은 때를 기다려라 / 죽을 때는 빈손이 된다는 것을 기억하라 / 돈이 있으나 없으나 고민은 다 있기 마련이다 / 희망은 메마르지 않는다 / 단순한 것이 아름답다 / 생각이 변하면 세상이 달라진다 / 노력하는 와중에 깨닫는 바가 있다 / 이 또한 지나가리라 / 사람과 자연의 마음은 서로 통한다 / 전체를 보는 눈을 길러라 / 반쯤 핀 꽃이 아름답다 / 사람답게 사는 게 진짜 사는 것이다 / 분수에 넘치는 복은 화를 부른다 / 인생의 주도권은 나에게 있다 / 득이 있으면 그만큼의 실이 있다 / 겉모습에 속지 말고 진실을 보라 / 늘이기에 애쓰지 말고 줄이는 데 힘써라 / 나의 적은 내 마음이다

1.
뱉은 말은 행동으로 옮겨라

즐거움은 말하지 않는 것이고
말하는 것은 즐거운 것이 아니다.

산림에 사는 즐거움을 말하는 자는

아직도 자연의 참멋을 깨닫지 못했기 때문이고,

명리에 관해 말을 꺼리는 자는

아직도 명예와 이욕에 미련이 있기 때문이다.

談山林之樂者(담산림지락자)는 未必眞得山林之趣(미필진득산림지취)요,
厭名利之談者(염명리지담자)는 未必盡忘名利之情(미필진망명리지정)이라.
(後 1)

마음은 행동으로 옮기는 것만 못하다. 입으로는 이치에 맞는 말만 하는 사람이 행동으로는 전혀 그렇지 못한 경우가 많다.

조괄(趙括)이라는 사람은 책상머리에서는 제법 병법을 논했지만 실제로 군사를 이끌고 전투에 나가게 되자 줄행랑을 치고 말았다. 말로만 결심하는 사람은 애당초 결심하지 않은 것과 같다.

서예를 시작하겠다는 남편을 위해 서예도구를 준비한 아내가 있다. 그러나 남편은 서예를 차일피일 미루었다. 봄에는 좋은 날씨를 핑계로, 여름엔 더움을 핑계로, 가을엔 가을바람을 핑계대며 겨울이 되면 반드시 글씨를 쓰겠노라고 하였다. 그러나 어느덧 세월은 5년이 흘렀고, 남편은 아직도 붓을 들고 있지 않다. 이 남편은 자신의 결심을 실천하려고 하지 않는 사람인 것이다.

입으로 부귀공명이 싫다고 떠드는 사람은 사실 마음속으로는 그것을 얻기를 갈망한다. 이런 사람은 서예를 미루는 이 남편보다도 훨씬 더 형편없는 사람이다. 이 남편 같은 사람은 말과 행동이 일치하지 않는 사람일 뿐이지만, 이런 사람들은 양의 탈을 쓴 늑대와 같은 존재이다.

진정으로 명리에 담담한 사람은 언행이 일치되므로 어떤 말도 하지 않는다. 그야말로 '한가한 구름과 들판을 자유롭게 노니는 학'과 같은 존재이다.

² 살아있는 것 자체가 행복이다

마음이 급하면 긴 세월도 짧게 느껴지고
마음이 좁으면 넓은 세상도 좁게 보인다.

세월은 원래 길건만

마음 바쁜 사람이 스스로 짧다 한다.

천지는 원래 끝없이 넓지만

마음 좁은 사람이 스스로 좁다 한다.

바람과 꽃, 눈과 달은 원래 한가롭지만

일에 바쁜 사람이 스스로 번거롭다 한다.

歲月(세월)은 本長(본장)이나 而忙者自促(이망자자촉)하고,

天地(천지)는 本寬(본관)이나 而鄙者自隘(이비자자애)하며,

風花雪月(풍화설월)은 本閑而勞攘者自冗(본한이로양자자용)이라.

(後 4)

194

세상에는 본래 아무 일도 없거늘, 못난 사람은 스스로 근심을 만든다.

하루 종일 탄식하고 하늘을 원망하고 남을 탓하는 사람은 삶의 진리를 알 수가 없다. 그들은 생명이 가장 소중한 것임을 잊고 있다. 살아 있음이 좋고, 살아 있기에 가능성이 있으며, 살아 있기에 희망이 있는 것이다. 공명과 이익 때문에 분주히 시간을 허송하고, 이익과 욕망에 눈이 가려진다. 설사 세상에 이름을 떨치는 날이 오더라도 자신에게 남겨진 시간은 얼마나 되겠는가?

어떤 사람이 꿈에 하느님을 만났다. 하느님이 그에게 무엇이 궁금하냐고 물었다. 그러자 그는 이렇게 대답했다.

"사람에게 있어서 가장 이상한 것이 무엇이라고 생각하시는지요?"

그러자 하느님은 이렇게 대답했다.

"사람들은 자신의 건강을 희생하여 돈과 바꾸고, 다시 돈을 써서 건강을 회복한다. 사람들은 미래에 대한 근심으로 꽉 차 있지만 현재는 잊어버린다. 그리하여 현재에서 살지 않고, 미래에서도 살지 않는다. 사람들은 살아 있는 동안에는 마치 죽지 않을 것처럼 여기고, 죽은 뒤에는 또 이제껏 살아 있었던 적이 없었던 것처럼 한다."

3.
마음이 부자이면 삶의 즐거움을 안다

좋은 경치는 거리에 제한 받지 않고
삶의 기쁨은 많고 적음을 따지지 않는다.

정취는 많은 것에서 얻는 것이 아니다.

좁은 연못과 작은 돌멩이 하나에도 연기와 안개가 깃든다.

좋은 경치는 먼 곳에 있지 않다.

오막살이 초가집에도 맑은 바람과 밝은 달빛이 스민다.

得趣不在多(득취부재다)하니

盆池拳石間(분지권석간)에 煙霞具足(연하구족)하며,

會景不在遠(회경부재원)하니

蓬窓竹屋下(봉창죽옥하)에 風月自賖(풍월자사)니라.

(後 5)

•

진정으로 아름다운 경치는 산이 높고 물이 깊고 꽃과 나무의 다양함에 있는 것이 아니다. 경치를 감상하는 사람의 마음이 하나로 융합되는가에 달려 있다. 그러므로 얕은 연못 하나, 몇 개의 기암괴석만 있더라도 충분하다.

유우석(劉寓錫)은 '산은 높이에 달린 것이 아니라 신선이 살면 유명하고, 물은 깊이에 달린 것이 아니라 용이 살면 영험한 것이다'라고 하였다. 경치를 감상하는 사람의 수양이 중요함을 보여주는 말이다.

물질적 부유함은 육신의 수요를 만족시킬 뿐이지만, 정신적 부유함은 삶의 즐거움이 무엇인지 진정으로 깨닫게 해준다. 정서와 품격이 고상한가는 재력에 의해 결정되는 것이 아니다.

심만삼(沈萬三)은 재력이 나라에 버금갔지만 돈이라면 오금을 못 쓰는 수전노였다. 그는 결국 타지로 쫓겨나고 말았다. 관중(管仲)은 공자규(公子糾)를 보필하였다가 감옥에 갇히는 신세가 되었지만 제(齊)나라 환공(桓公)은 세 번 목욕재계하고 그를 재상으로 맞아들였다.

삶의 정취와 고상한 품격을 지닌 사람은 풀 한 포기 나무 한 그루에 대해서도 애착을 갖는다. 반대로 삶의 정취에 대해 알지 못하는 사람은 명산대천에 있더라도 우아한 정취를 찾기 어렵다. 기실 생활 속에 정취가 없는 것이 아니다. 그것을 찾아내려는 마음이 없는 것이다.

4.
욕심 없이 열심히 할 때 하늘이 돕는다

음악에 심취하면 마음이 즐거워지고
학문에 열중하면 정신이 풍족해진다.

마음에 물욕이 없으면

이는 곧 가을 하늘과 잔잔한 바다이며,

자리에 거문고와 책이 있으면

이는 곧 신선의 집이다.

心無物慾(심무물욕)이면 卽是秋空霽海(즉시추공제해)요
坐有琴書(좌유금서)면 便成石室丹丘(변성석실단구)니라.
(後 9)

깨끗함으로 뜻을 밝히고, 고요함으로 멀리 이른다.

　마음에 사사로움이 없으면 천지는 드넓어진다. 마음에 한 조
각 정토를 가질 수 있어야만 삶의 정취를 누릴 수 있는 것이다.
마음을 가로막은 사사로운 욕망은 태양을 가린 먹구름과 같다.
욕심이 있는 마음은 훈훈한 바람과 따스한 햇살이 주는 아름다
운 풍경이 저절로 생겨난 것이 아닌, 자연이 사람에게 준 것이
라는 것을 깨닫지 못한다.

　세상 일은 모두 우리가 주도권을 잡았다고 해서 자신의 노력
만으로 잘 해낼 수 있는 것은 아니다. 우리에게 주어진 일들은
그저 우리가 본분을 다할 수 있을 따름이다. 그러므로 '일을 꾸
미는 것은 사람에게 달렸지만, 일을 이룩하는 것은 하늘에 달
렸다'고 하는 것이다. 이런 이치를 잘 이해한다면 재물을 잃었
다고 불평하지는 않게 될 것이다.

　바둑을 두고 그림을 그리는 것은 한적한 구름이나 들판의 학
과 같으며, 허공을 오가는 신선과도 같다. 그 무엇이 이것보다
더 사람의 마음을 편안하게 할 수 있겠는가?

　'동쪽 울타리 안에서 국화를 따고, 멀리 남산을 바라본다'는
도연명의 시구에 나타난 한적한 정취조차도 여기에 미치지는
못할 것이다.

5.
인생은 짧다

광음처럼 빠른 세월이 얼마나 길고
달팽이 뿔 위가 얼마나 넓겠는가

석화같이 빠른 빛 속에서 길고 짧음을 다툰들

그 세월이 얼마이며,

달팽이 뿔 위에서 자웅을 겨룬들

그 세계가 얼마나 크겠는가.

石火光中(석화광중)에 爭長競短(쟁장경단)하니
幾何光陰(기하광음)이며, 蝸牛角上(와우각상)에
較雌論雄(교자논웅)하니 許大世界(허대세계)리오?
(後 13)

세월의 강에서는 인생의 덧없음을 볼 수 있고, 망망한 우주에서는 지구가 작음을 볼 수 있다. 유한한 시간과 좁은 공간에서 서로 다투는 것은 마치 달팽이 뿔처럼 작은 곳에서 싸움을 벌이는 것과 같다. 그러니 죽어라고 싸울 필요가 무엇이 있겠는가? 다투어 본들 아무런 소용도 없음을 어째서 모르는가? 빼앗은들 무슨 소용이 있는가? 무엇 때문에 유한한 생명과 정력을 의미 있는 일에 쏟지 않는가?

'사람은 재물 때문에 죽고, 새는 먹이 때문에 죽는다'는 말이 있다. 이는 도량이 좁고 이익에 골몰하는 자가 자신의 졸렬한 행위를 숨기려는 외투와 같은 것이다. 거칠고 호전적인 자가 명분 없는 출정에 갖다 붙이는 구실이다. 바르고 마음이 깨끗한 사람은 거들떠보지도 않는 어처구니없는 말이다.

사람은 하루에도 몇 번씩 자신을 반성하여 공명 때문에 말썽을 일으키지 않고, 세속의 혼란스러움 때문에 번뇌하지 않아야 한다. 산수에 자신을 맡기고, 거문고에 마음을 맡기듯 소탈한 삶을 살아야 할 것이다.

6.
세상에서 가장 긴 것도, 짧은 것도 시간이다

마음이 한가로우면 하루가 길고
마음이 넓으면 세상이 넓어진다.

길고 짧은 것은 한 생각에 달려 있고,

넓고 좁은 것은 한 마음에 달려 있다.

마음이 한가로우면 하루가 천 년보다 길고,

뜻이 넓은 사람은 좁은 방도 하늘과 땅 사이만큼 넓다.

延促(연촉)은 由於一念(유어일념)하고 寬窄(관착)은 係之寸心(계지촌심)이라.
故(고)로 機閑者(기한자)는 一日(일일)도 遙於千古(요어천고)하고,
意廣者(의광자)는 斗室(두실)도 寬若兩間(관약양간)이라.
(後 19)

세상에서 가장 긴 것은 무엇일까? 시간이다!

세상에서 가장 짧은 것은 무엇일까? 역시 시간이다!

시간이 길다, 짧다는 것은 심리적 느낌에서 비롯된다. 술잔을 들고 흥겨울 때는 시간이 마치 쾌속 열차처럼 지나간다. 정신을 차리고 보면 벌써 하루가 다 지났다.

기대로 가득 차 있을 때는 '하루가 삼 년 같다'는 말이 어떤 것인지 절실히 느낄 수 있다. 기쁨으로 가득 차 있을 때는 '좋은 밤은 일각(一刻)이 천금이다'라는 말의 진정한 의미를 보다 분명하게 깨달을 수 있다.

가을 구름이 하늘을 뒤덮을 때 '근심에 휩싸인 사람은 가을 밤이 길기만 하다'는 말이 어떻게 고통스러운지 더욱 생생하게 느낄 수 있다.

이 모두는 시간에 대한 상대적 느낌이다.

그러므로 마음을 열고 만족을 알면 길이 넉넉하고 즐거울 것이며, 항상 괜한 근심으로 조바심 낸다면 시시각각 울적하고 고민스러울 것이다. 마음속에 대천세계를 담을 수 있어야 늠름한 자의 도량인 것이다.

'재상의 가슴에서는 배를 저을 수 있고, 장군의 이마에서는 말을 달릴 수 있다'고 하지 않는가!

7.
기회는 항상 우리 곁을 맴돈다

만족할 줄 알면 기쁨이 커지고
인연을 잘 이용하면 기회가 생긴다.

눈앞의 일에 만족하면 선경이지만
만족할 줄 모르면 속세이다.
세상에 나타나는 모든 인연은
잘 쓰는 사람에겐 생기가 되고
잘못 쓰는 사람에겐 살기가 된다.

都來眼前事(도래안전사)는 知足者仙境(지족자선경)이요
不知足者凡境(부지족자범경)이며,
總出世上因(총출세상인)은 善用者生機(선용자생기)요
不善用者殺機(불선용자살기)니라.
(後 21)

만족을 아는 사람은 맨바닥에 누워 있어도 즐겁고, 만족을 모르는 사람은 천당에 있어도 불만스럽다.

일에는 만족함을 알아야 마음이 상쾌하고, 사람은 욕심을 비우면 저절로 고결해진다.

만족할 줄 알아서 즐겁게 사는 사람은 거친 음식을 먹을지라도 정신적으로는 부자이기에 삶은 늘 즐거움으로 가득하다. 물욕으로 만족을 모르는 사람은 백만장자일지라도 정신적으로는 거지와 마찬가지로 물질의 노예가 된다.

세상만물은 항상 변화한다. 기회라는 것은 수시로 눈앞에 나타나 내가 지혜로운 안목과 행동에 즉각 옮기려는 마음을 가졌는지를 살핀다.

인연이라는 것도 자신도 모르는 사이에 나타나 내가 잘 붙드는지를 살필지도 모른다. 만약 기회를 잡지 못한다면 돌아오는 것은 계속적인 평범함일 것이다.

평범함 속에서도 기회를 잘 찾아낸다면 성공하는 것은 어렵지 않다.

8

자연과 벗삼아 사는 것은 멋스럽다

소나무 숲에서 구름을 바라보고
대나무 숲에서 청풍명월을 감상한다.

소나무 우거진 시냇가를 지팡이 짚고서 홀로 가노라니
멈춰서는 곳곳 헌 옷에 구름이 일고,
대나무 우거진 창가에 책을 베고 누웠다 깨어 보니
낡은 담요에 달빛이 스며 있네.

松澗邊(송간변)에 携杖獨行(휴장독행)하면
立處(입처)에 雲生破衲(운생파납)하고,
竹窓下(죽창하)에 枕書高臥(침서고와)하면
覺時(각시)에 月侵寒氈(월침한전)이라.

(後 23)

인생은 정말로 근사하지만 또한 너무도 쓸쓸하다. 성공의 정상에서는 성공의 희열을 맛본다. 꽃다발과 박수소리. 생명은 이 순간에 진정한 가치를 보여준다. 실패의 나락에서는 마음은 방황하고 고민스럽고 초조하다. 실패가 가져온 원망, 한탄, 흐느낌을 감당하며 지친 육신을 근근이 지탱한다. 실패의 현실은 이처럼 잔인하다.

산림에 은둔하여 호랑이와 원숭이를 벗삼고, 소나무와 대나무를 스치는 바람 소리를 듣고, 거문고를 뜯으며, 세속의 다툼과 근심을 훌쩍 떠난다. 배가 고프면 야생의 과일을 따먹고, 피곤하면 책을 베고 잠이 든다. 이런 세상 밖의 도화원 같은 생활은 결코 현대인들이 추구하는 이상적인 경지는 아니다. 또한 어질고 뜻있는 사람이 뜻을 얻은 이후에 자신을 해탈하는 방법도 아니다.

오늘날의 격렬한 경쟁은 잠시도 마음을 늦출 여유를 갖지 못하게 만든다. 더욱이 사회를 떠나서는 기적을 창조할 수 없다. 신체는 밑천이고, 사업은 중요하다. 바쁜 속에서도 적당히 자신을 풀어주어야 한다. 이는 자연에 몸을 맡기고 세속의 먼지를 멀리하는 것이다.

9

멀리 내다보고 마음의 준비를 하라

욕심이 일어날 때 병을 생각하고
이익이 생겼을 때 죽음을 생각하라.

욕정이 불길처럼 타올라도 문득 병든 때를 생각하면
그 기분은 식은 재로 바뀌고
명예와 이욕이 엿같이 달아도 문득 죽음을 생각하면
그 맛은 납을 씹는 것과 같다.
사람이 병과 죽음을 걱정하고 생각하면
헛된 일을 버리고 참마음을 기르게 된다.

色慾(색욕)이 火熾(화치)라도 而一念及病時(이일념급병시)면
便興似寒灰(변흥사한회)하고,
名利飴甘(명리이감)이라도 而一想到死地(이일상도사지)면
便味如嚼蠟(변미여작랍)이라.
故(고)로 人常憂死慮病(인상우사려병)이면
亦可消幻業而長道心(역가소환업이장도심)이라.

(後 24)

속담에 '사람이 멀리 내다보고 걱정하지 않으면 반드시 가까운 근심이 생긴다'고 하였다. 늘 심사숙고하여 실행해야 한다는 의미이다.

성욕이 불길처럼 타오를 때는 병들었을 때의 고통을 생각하면 이내 가라앉는다. 명리가 벌꿀처럼 달콤할 때는 생명 이외의 모든 것은 몸밖의 것으로, 태어나면서 가져오는 것도 죽어서 가져가는 것도 아님을 생각한다면 공명이록의 유혹에 전혀 흥미를 느끼지 못할 것이다. 모든 일에 있어서 편안할 때에 어려울 때를 생각하여 후환을 피하라.

한창 명성과 이익을 누릴 때에는 이를 탐함으로써 초래되는 죽음의 결말을 생각하여 스스로 뉘우치고 빠져나와야 한다. 욕망이 타올라 억제할 수 없을 때는 과도한 욕망이 가져올 수 있는 질병의 고통을 생각하여, 자신의 방탕해진 마음을 일깨워야 한다. 이는 세상을 살아가는 미덕이다.

맑은 날씨에는 우산을 준비하고, 배부를 때는 비상식량을 준비해야 하는 것이다.

10.
한 걸음 물러서는 법을 배워라

앞을 다투면 길이 좁아지고
한 걸음 물러서면 한 걸음 넓어진다.

앞을 다투면 좁아지고
한 걸음만 물러서면 한 걸음이 넓어진다.
곱고 진한 맛은 짧으니
조금만 맑고 담백하게 하면 저절로 그만큼 길어진다.

爭先的徑路(쟁선적경로)는 窄(착)하니
退後一步(퇴후일보)하면 自寬平一步(자관평일보)하고,
濃艶的滋味(농염적자미)는 短(단)하니
淸淡一分(청담일분)하면 自悠長一分(자유장일분)이라.
(後 25)

•
210

어떤 노인이 이른 아침에 아들에게 가게에 가서 음식을 사오게 하였다. 그런데 해가 높이 떴지만 아들은 돌아오지 않았다. 노인은 아들을 찾아나섰다. 아들은 좁은 논두렁에서 마을의 부자와 서로 비켜주지 않으려고 말다툼을 하고 있었다.

"당신이 먼저 우리 아들에게 길을 비켜 주시오. 그 아이가 들고 있는 것은 음식이라서 물이 젖으면 안 되오."

"어째서 아들더러 먼저 논바닥으로 비키라고 하지 않는 것이요? 내가 들고 있는 것은 귀중한 물건이라서 역시 물이 묻으면 안 된단 말이오."

"이렇게 합시다. 내가 논바닥으로 내려가겠소. 당신은 메고 있는 바구니는 내게 맡기시오. 우리 아들을 먼저 지나가게 하면 내가 바구니를 돌려주겠소."

노인은 이렇게 말하며 신발을 벗었다. 그러자 부자가 황급히 말했다.

"됐소, 내가 먼저 내려가겠소."

높은 물결이 지나간 뒤에는 반드시 평담해진다. 평담함에서 농후함에 이르는 것은 한 발자국씩 올라가고, 농후함에서 평담함에 이르는 것은 한 발자국씩 물러난다. 그러므로 농후한 곳에서는 얼마간의 여운을 남겨두어도 괜찮다.

11.
위기 앞에서 정신을 가다듬어라

바쁠 때 마음이 어지럽지 않아야 하고
죽을 때 마음이 흔들리지 않아야 한다.

바쁠 때 성정을 어지럽히지 않으려면

모름지기 한가할 때 심신을 맑게 길러야 한다.

죽을 때 마음이 흔들리지 않으려면

살아 있을 때 사물의 참모습을 꿰뚫어 알아야 한다.

忙處(망처)에 不亂性(불란성)이면
須閑處(수한처)에 心神(심신)을 養得淸(양득청)하고,
死時(사시)에 不動心(부동심)이면
須生時(수생시)에 事物(사물)을 看得破(간득파)니라.
(後 26)

수신양성(修身養性)은 중국 문화의 일부분이다. '수신'은 자신의 지향과 품격을 양성하는 것이고, '양성'은 마음을 수양하는 것이다.

수신양성은 마음에 달려 있다. 마음은 정신의 주인으로 기쁨, 노여움, 슬픈, 즐거움, 근심, 생각이 모두 비롯되기 때문이다. 심성을 수양하면 당황하지 않을 수 있으므로 위기에 직면해서도 혼란에 빠지지 않게 된다. 마음을 수양하면 죽음의 체험을 받아들일 수 있고 또 큰 업적을 이룰 수 있다.

노자는 '백성들이 죽음을 두려워하지 않는다면 어찌 그들을 죽임으로 두려워하게 할 수 있겠는가?'라고 하였다.

위기에 직면하여 두려워 않고, 어떤 일에 부딪쳐 당황하지 않으려면, 평소에 두뇌를 또렷하고 민첩하게 만들어야 한다. 올바른 인생관을 세우고 정의감과 훌륭한 품성을 길러두는 것이다.

12.
나설 때와 물러날 때를 알아라

전성기에 물러날 것을 생각하고
성공했을 때 마무리를 생각해야 한다.

나아갈 때 물러섬을 생각하면

진퇴양난의 재앙을 면할 수 있고,

손을 댈 때에 손 뗄 것을 생각하면

호랑이 등에 타는 위태로움을 벗을 수 있다.

進步處(진보처)에 便思退步(변사퇴보)하면
庶免觸藩之禍(서면촉번지화)하고,
着手時(착수시)에 先圖放手(선도방수)하면
纔脫騎虎之危(재탈기호지위)니라.

(後 29)

무슨 일이든 서둘러서는 안 되고, 막무가내로 덤벼서도 안 되며, 우물쭈물 결단하지 못해서도 안 된다. 또 나아감과 물러섬을 알아야 한다. 퇴로를 생각하지 않는 것은 스스로 함정을 파는 것이다. 한순간의 이익을 탐내 만고의 화를 만들게 된다. 낭떠러지에 이르러 말고삐를 잡아채고, 강 한가운데서 뱃전을 수선하는 것은 위기에 대처하는 미봉책일 뿐, 반드시 진퇴양난의 어려움에 빠지게 된다. 일단 호랑이 등에 올라탄 형세가 되면 뜻대로 되지 않을 뿐 아니라 후회해도 소용없다.

　매사에 연연하면 권력의 정점에서 과감하게 물러나지 못하기 때문에 마치 울타리에 머리가 걸린 산양처럼 재난이 온몸을 휘감을 것이다.

　일에는 나름의 계산이 있어야 하며, 준비 없이 일을 해서는 안 된다. 또 상황에 따라 대처하고 형세에 따라 조정할 수 있어야 한다. 일을 하는 목적은 그것을 완성하기 위함이고, 일을 행하는 방법은 편안할 때에 위험을 생각하고 나아갈 때에 물러섬을 생각하는 것이다.

　덜렁대는 사내처럼 순간의 충동으로 시작하여 호랑이 몸에 올라타는 형국이 되어서는 안 된다. 호랑이를 잡을 힘도 없을 뿐 아니라 내려올 수도 없다. 호랑이 등에서 내려서지 못한다면 웃음거리가 될 뿐이다.

13.
적당히 만족하면 남이 부럽지 않다

욕심이 많은 자는 항상 가난하고
만족할 줄 아는 사람은 항상 풍요롭다.

탐욕이 많은 자는 금을 주면 옥이 없음을 한탄하고,

공의 자리에 앉히면 제후가 되지 못한 것을 불평한다.

이는 권세와 부귀의 자리에 있으면서도

거지 행세를 하는 것과 다르지 않다.

그러나 만족할 줄 아는 사람은

명아주국도 고기나 쌀밥보다 달게 여기고,

베옷도 털옷보다 따뜻하게 여기니,

서민이면서도 왕이나 귀족을 부러워하지 않는다.

貪得者(탐득자)는 分金(분금)에 恨不得玉(한부득옥)하고

封公(봉공)에 怨不受侯(원불수후)하니 權豪自甘乞丐(권호자감걸개)하며,

知足者(지족자)는 黎羹(여갱)도 旨於膏粱(지어고량)하고

布袍(포포)도 煖於狐貉(난어호학)하니 編民(편민)도 不讓王公(불양왕공)이라.

(後 30)

만족을 모르는 사람은 대단히 많다. 금덩이를 가지고 있으면서도 좋은 옥을 갖지 못했음을 아쉬워한다. 공작에 책봉되고도 후작의 지위를 갖지 못했음을 아쉬워한다. 어떤 자는 영예와 이익을 얻기 위해 수단방법을 가리지 않고 훔치고 빼앗고 몸을 낮춰 굴종하고 갖은 추악함을 저지른다. 이런 사람에게 무슨 즐거움을 언급할 수 있겠는가.

태후(太后)는 정치적 수완이 뛰어난 사람이었다. 그녀는 일부 대신들이 빈번이 소매에 궁궐의 물건을 숨겨 자기 집으로 가져간다는 소문을 들었다. 하지만 태후는 그들을 징벌하지 않았다. 오히려 날짜를 정해 모든 대신들을 창고로 소집하여 이런 명령을 내렸다.

"각자 자기 힘껏 창고에 있는 물건을 마음대로 가져가시오."

이에 어떤 대신은 비단 한 마를 가지고 갈 뿐이었다. 그에게 까닭을 묻자 이렇게 대답했다.

"옷 하나 마는 데 이 정도면 충분합니다."

어떤 대신은 비단 수십 마를 걸머지고 가다가 무게를 견디지 못하여 궁문을 나서면서 허리가 부러져 가져가지 못했다.

탐욕스러운 자가 만족을 모르면 결국 외부의 사물에 구속된다. 만족을 아는 사람은 스스로 기뻐하니 즐겁지 않겠는가!

14.
명성을 좇으면 자유를 잃는다

이름을 내세우다가 그 이름을 더럽히기 쉽고
일솜씨를 뽐내다가 그 일에 시달리기 쉽다.

명예를 자랑함은
명예에서 달아나는 것보다도 못하고
일에 능숙한 것은
일을 줄여 한가로움보다 못하다.

矜名(긍명)은 <u>不若逃名趣</u>(불약도명취)요
鍊事(연사)는 <u>何如省事閑</u>(하여생사한)이리오.

산은 스스로 높음을 자랑하지 않는다. 명성을 뽐내는 것은 명성을 피하는 것의 고명함만 못하다. 명성을 피하는 것은 객관적으로는 두 가지 효과가 있다. 하나는 명성으로 명성을 해치지 않는 것이다. 명성이 화려하기에 그 명성의 기세로 남을 압박하지 않는 것이다. 다른 하나는 명성으로 명성을 자랑하지 않는 것이다. 겸허하고 조심스러운 태도를 지켜서 명성에 깊이가 있음을 더욱 드러내는 것이다.

전종서(錢鍾書) 부부는 중국 문화에 있어서 당대 최고의 명인이라고 할 수 있다. 하지만 그들은 수십 년 동안 외부에 모습을 드러내는 경우가 무척 드물었다. 얼굴을 드러내지 않았기 때문에 그들은 줄곧 학문에 전념할 수 있었다. 또 평온하고 평범하며 소박한 생활을 즐길 수 있었다. 이 때문에 그들의 명성은 더욱 높아졌다.

세상사에 정통하면 사람들의 갈채를 받기는 하지만 명성에 구애될 수 있다. 생각해 보면 이는 일을 덜어내는 것의 유유자적함만 못하다.

유유자적함은 결코 자신을 방임하여 아무것도 하지 않는 것은 아니다. 이는 자기 밖의 외적인 것에 구속되지 않는 경지에 이른다.

15

자유롭고 싶다면 주변을 가볍게 하라

형식에 매이지 않음은 구름을 닮고
욕심에 붙들리지 않음은 달은 본받는다.

외로운 구름은 산골짜기에서 피어나고
머무르는 것에 조금도 거리낌이 없고,
밝은 달은 하늘에 걸려
고요함도 시끄러움도 개의치 않는다.

孤雲(고운)은 出岫(출수)하여 去留(거류)에 一無所係(일무소계)하고,
朗鏡(낭경)은 懸空(현공)하여 靜躁(정조)에 兩不相干(양불상간)이라.
(後 33)

사람이 한적한 구름처럼 소탈하고 허공에 매달린 달처럼 자유롭기란 쉽지 않다.

프랑스의 계몽사상가 루소는 '사람이 태어날 때에는 비록 자유롭지만 얼마 되지 않아서 구속을 받게 된다'고 하였다.

사람은 세상의 온갖 그물에 걸려든다. 때문에 여러 가지로 속박을 받게 된다. 예컨대 가정의 구속, 경제적 구속 같은 구속은 사람의 마음을 부자유스럽게 하며, 사회의 일원으로서는 공명과 이록, 여론의 영향을 배제하기 어렵다. 그러므로 세속의 번뇌를 벗어던지고 자유를 추구하려면 몸과 마음을 가벼이 해야 한다.

16.
쉽게 오는 즐거움은 쉽게 떠난다

진한 맛은 한 순간에 사라지고
담백한 맛은 오래도록 남는다.

유장한 맛은 부귀에서 얻는 게 아니라
콩 씹고 물 마시는 데서 얻을 수 있고,
그리운 정취는 고독과 적막에서 생기는 것이 아니라
피리를 불고 거문고를 뜯는 데서 생긴다.
참으로 짙은 맛은 항상 짧으며
담백한 맛만이 오로지 참될 뿐이다.

悠長之趣(유장지취)는 不得於醲釅(부득어농엄)하고
而得於啜菽飲水(이득어철숙음수)하며,
惆悵之懷(추창지회)는 不生於枯寂(불생어고적)하고
而生於品竹調絲(이생어품죽조사)하니,
固知濃處(고지농처)에 味常短(미상단)하고
淡中(담중)에 趣獨眞也(취독진야)라.

(後 24)

미묘한 음악과 맛있는 음식은 사람에게 순간의 즐거움은 가져다주지만 진정한 즐거움을 주지는 못한다. 의미심장한 정취는 콩을 씹고 물을 마시는 가운데 얻어진다. 손쉽게 즐거운 생활을 얻기란 어려운 일이다. 쉽게 오는 즐거움은 쉽게 떠난다. 떠나 버리는 즐거움이 진정한 즐거움이겠는가?

어떤 사람은 박봉에도 즐겁게 살아간다. 그들이 유행처럼 하는 말은 생활을 즐긴다는 것이다. 오늘은 노래방, 내일은 디스코장, 모레는 카페 등 날마다 흥청대다 보면 결국 수입이 지출을 감당하지 못하여 빚더미에 올라앉게 된다. 흥청망청한 생활은 짜릿한 흥분을 가져와 인생을 유쾌하게 하지만 파티가 끝나고 헤어질 때가 되면 남는 것이라고는 텅 비어 버린 주머니이고, 배불리 먹은 다음에 오는 배고픔의 고통이다. 어찌 '즐거움이 다하면 슬픔이 몰려온다'는 격이 아니겠는가? 비록 거친 음식은 산해진미처럼 맛있지는 않지만 굶주림의 재난을 부르지는 않는다.

그러므로 사람은 풍요로운 물질적 생활만을 추구해서는 안 되며 정신적 풍요로움인 지식을 갖춰야 하는 것이다.

17

사실 진리는 지극히 평범하다

높은 것은 낮은 곳에 깃들이고
어려운 것은 쉬운 것에서 생겨난다.

선종에서는 배고프면 밥 먹고 피곤하면 잠을 잔다고 했고,

시지에서는 눈앞의 경치를 평범한 말로 나타낸다 했다.

대개 아주 높은 것은 아주 낮은 것에 깃들이고,

지극히 어려운 것은 지극히 쉬운 것에서 나온다.

뜻이 있으면 오히려 멀고 마음에 없으면 저절로 가깝다.

禪宗(선종) 曰(왈)「餓來(아래)면 喫飯(끽반)하고 倦來眠(권래면)」이라 하고
詩旨(시지)에 曰(왈)「眼前景致口頭語(안전경치구두어)」라 하니
蓋極高(개극고)는 寓於極平(우어극평)하고
至難(지난)은 出於至易(출어지이)하여
有意者(유의자)는 反遠(반원)하고 無心者(무심자)는 自近也(자근야)라.
(後 35)

부처를 경배하는 것은 부처를 마음에 두는 것만 못하다. 부처는 구하는 데에 있는 것이 아니라 깨달음에 있는 것이다. 우아하고 아름다운 시는 청신하고 자연스러움에 달려 있지, 다듬고 수식함에 있지 않다.

속됨이 극에 이르면 우아함으로 바뀐다. 평범한 사물 속에 위대한 진리가 담겨 있다. 그러므로 위대함은 평범함에서 나온다는 명언이 있는 것이다.

평지가 없으면 높은 산의 위용이 드러나지 않고, 작은 시내가 없으면 바다의 드넓음이 드러나지 않는다. 지혜로운 사람은 지혜를 마음에 감추고 평범함을 추구한다. 현명한 사람은 자기 주변의 작은 일에서부터 시작한다. 강제로 빼앗은 참외는 달지 않고, 억지로 하는 일은 이루기 어렵다.

모든 것은 자연의 이치에 따라야 한다. 꽃을 심어야 꽃이 아름다움을 다투고, 가지를 쳐야 푸른 버들잎이 그늘을 드리우는 것이다.

18.

과연한 사람은 문제에 휘말리지 않는다

강물이 흐르는 곳에 소리가 없고
산이 높아도 구름을 방해하지 않는다.

물은 흘러도 주위엔 소리가 없나니
시끄러운 곳에서 고요함을 느끼는 맛을 얻어라.
산이 높아도 구름이 거리끼지 않나니
유에서 나와 무로 들어가는 기틀을 깨달으라.

水流而境無聲(수류이경무성)하니 得處喧見寂之趣(득처훤견적지취)요,
山高而雲不碍(산고이운불애)하니 悟出有入無之機(오출유입무지)기라.
(後 36)

사람은 세상을 살면서 수많은 변화를 겪게 된다. 만남과 헤어짐이 있고, 이해와 득실이 있으며 희로애락이 있다. 취하는 태도에 따라 느낌도 다르다. 한 가지 물건을 끌어안고 부처를 볼 수 있다면 인생은 비할 바 없이 미묘해질 것이다. 마치 물소리를 들으며 적막하고 고요한 맛을 깨닫고, 안개를 보면서 무아의 묘한 이치를 깨닫는 것 같은 초탈함을 말이다.

움직임 속의 고요함은 고요함을 더욱 돋보이게 한다. 산중의 새소리는 한결 그윽한 법이다. 사람의 본성이 안정되면 애증과 시비에 흔들리지 않고 고요함을 지킬 수 있다. 떠들썩한 곳에서 적막함을 맛보면 움직임과 고요함은 어우러지고, 들고 남에 막힘이 없게 된다.

물고기는 서로서로 물로 나아가고, 사람은 서로서로 도로 나아간다. 서로서로 물로 나아가는 것은 연못을 파야 영양이 공급되고, 서로서로 도(道)로 나아가는 것은 일을 없애고 삶에 만족해야 한다. 그러므로 '물고기는 강호(江湖)에서 서로 잊고, 사람은 도술(道術)에서 서로 잊는다'고 하는 것이다.

살아가면서 이런 경지에 이른다면, 선가(禪家)에서 말하는 '어긋남과 올바름이 모두 쓰이지 않고, 맑음과 고요함이 남음이 없는' 경지에 도달한다.

19.
지나친 욕망은 집착이 된다

지나치게 집착하면 반드시 고통스러워지고
떨어져서 바라보면 절로 여유로워진다.

산림은 참으로 좋은 곳이지만

집착하게 되면 시장판이 되고,

글씨와 그림은 참으로 멋있지만

욕심에 빠져들면 장사꾼이 되고 만다.

마음이 물들지 않으면 속세도 선경이 되고,

마음이 집착하게 되면 선경도 고해가 된다.

山林(산림)은 是勝地(시승지)나 一營戀(일영련)하면
便成市朝(변성시조)하고,
書畵(서화)는 是雅事(시아사)나 一貪癡(일탐치)하면
便成商賈(변성상고)하니,
蓋心無染着(개심무염착)이면 欲界是仙都(욕계시선도)요,
心有係戀(심유계련)이면 樂境(낙경)도 成苦海矣(성고해의)라.

(後 37)

갈대꽃 이불을 덮고 눈 위에서 잠을 자는 생활은 어떤 것일까? 맑은 댓잎 술잔에 비친 달을 들여다보며 무한한 생의 희열을 느끼는 사람은 세상의 부와 영화나 명예, 이욕 따위에 관심이 없는 고상한 선비일 것이다. 이런 즐거움을 느낄 수 있는 사람이야말로 홍진에 찌들어 만신창이가 된 현대인들에게는 생각만 해도 신선같이 여겨진다.

우리는 스스로 자신이 무엇에 집착하는지, 왜 집착하는지 알고 있다. 그리고 그 집착에서 벗어나면 훨씬 더 편안하고 자유로운 삶이 가능하리란 것도 알고 있다. 그럼에도 집착에서 벗어나기란 결코 쉬운 일이 아니다.

우리는 태어날 때부터 죽을 때까지 끊임없이 경쟁해야 하고, 상대와의 경쟁에서 이기지 않으면 살아남기 어려운 환경에서 살고 있다. 이러한 현대사회에서는 나의 관점과 생각이 중요하고, 이것을 관철시켜야만 성공할 수 있다고 믿게 된다. 이것이 우리가 자주 집착이라는 함정에 빠지는 이유이기도 하다.

집착에 빠지지 않기 위해 가장 먼저 깨달아야 할 것은 '어떤 상황에서도 도덕을 선택하라!'는 것이다. 사실 도덕이야말로 우리 삶을 가장 자유롭고 편안하게 해주는 기준이 된다.

20.

짙음은 옅음만 못하다

짙은 것은 담담함만 못하고
속된 것은 고상함만 못하다.

높은 벼슬아치 무리에 명아주 지팡이 짚은 산인 한 명이 끼면
한결 고상한 멋이 더해지고,
어부와 나무꾼이 다니는 길 위에 벼슬아치 한 명이 끼면
오히려 속된 기운이 더하게 된다.
참으로 짙은 것은 담박한 것만 못하고,
속된 것은 고상한 것보다 못하다.

袞冕行中(곤면행중)에 着一藜杖的山人(착일려장적산인)이면
便增一段高風(변증일단고풍)하고,
漁樵路上(어초로상)에 着一袞衣的朝士(착일곤의적조사)면
轉添許多俗氣(전첨허다속기)하니,
固知濃不勝淡(고지농불승담)하고 俗不如雅也(속불여아야)라.
(後 40)

초록으로 뒤덮인 수풀의 한 점 붉은 꽃은 붉은 빛의 현란함을 한층 잘 드러내지만, 닭의 무리 속에 서 있는 학은 전혀 어울리지 않는 느낌을 준다.

옛날에는 관리와 은사(隱士)를 다른 부류로 나누었다. 관리는 탁류(濁流)이고, 은사는 청류(淸流)였다. 옛사람들에게 있어서 벼슬길에 들어서는 것은 타락을 의미하였고, 산림에 은둔하는 것은 고결한 행위로 받아들여졌던 것이다.

그러나 관계(官界)에도 청류는 있었다. 그들은 권력을 두려워하지 않았으며, 백성들을 위하고, 자신의 안위는 돌보지 않았다. 나무꾼과 어부 가운데도 형편없는 자가 있었다. 그러므로 싸잡아 평가할 수는 없는 것이지만 짙음은 엷음만 못하고 속됨은 우아함만 못하다는 것은 고명한 견해임에 틀림없다.

21

몸은 속세에 있지만 마음은 속세를 초월하라

세상살이에 초탈하는 길은 세상 속에 있고
마음을 깨닫는 길은 마음속에 있다.

세상살이에 초탈하는 길은 세상살이 속에 있으니,

반드시 인연을 끊고 세상에서 숨어버릴 일은 아니다.

마음을 깨닫는 길은 마음 다하는 속에 있으니,

반드시 욕심을 다 끊어버리고

마음을 꺼진 재처럼 해야 하는 것은 아니다.

出世之道(출세지도)는 卽在涉世中(즉재섭세중)이니

不必絶人以逃世(불필절인이도세)하고,

了心之功(요심지공)은 卽在盡心內(즉재진심내)니

不必絶慾以灰心(불필절욕이회심)이라.

(後 41)

세속과 인정의 굴레를 벗는다는 것이 결코 타인과의 왕래를 끊고서 은둔해야 한다는 의미는 아니다. 오히려 이는 세속의 생활 속에서 어떤 생활 태도를 갖는냐에 따라 결정된다. 심성을 깨닫는 공부는 인생의 모든 욕망을 끊어서 마음이 식은 재와 같아야 한다는 것은 아니다. 오히려 최선을 다해 심성을 닦음으로써 사람의 순진무구한 본성을 보전하는 것이다.

　세속을 벗어난다는 것과 세속에 들어간다는 것은 상대적 논리일 뿐 그 누구도 인간 세상의 음식을 먹지 않는 지경에 이를 수는 없는 것이다. 그러므로 세속을 초월한다는 것은 신체가 어디에 있느냐가 아니라 그 정신이 무엇을 지향하느냐를 가리키는 것이다. 속된 마음이 줄지 않는다면 속세를 멀리 떠난들 무슨 소용이 있겠는가? 그러므로 세속에 들어가야 세속을 벗어날 수 있고, 마음을 다해야 마음을 알 수 있는 것이다.

　마음에 부처가 있어야 비로소 부처도 존재한다. 사물의 본질을 추구하는 것이 중요한 것이지, 외재적 형식이 중요한 것은 아니다.

22

내 마음이 고요하면 남이 나를 속이지 못한다

몸이 한가로우면 영욕과 득실에서 자유롭고
마음이 고요하면 시비와 이해에서 자유롭다.

몸을 언제나 한가로움 속에 머물게 한다면
영욕과 득실 어느 것도 나를 어긋나게 할 수 없다.
마음을 언제나 고요함 속에 있게 한다면
시비와 이해 어느 것도 나를 어둡게 할 수가 없다.

此身(차신)을 常放在閑處(상방재한처)하면
榮辱得失(영욕득실)로 誰能差遣我(수능차견아)하며,
此心(차심)을 常安在靜中(상안재정중)하면
是非利害(시비이해)를 誰能瞞昧我(수능만매아)리오?
(後 42)

'세상만사는 물처럼 흘러가는 것이니 명리를 마음에 두지 말라. 쓴 차와 거친 밥도 인연을 따라오는 것이니 부귀와 영화를 억지로 구하지 말라'는 말이 있다. 이렇게 한다면 육근(六根, 감각 기관과 그 기관이 가지는 능력)은 청정하고 욕망은 사라지니, 그 무엇이 마음을 움직일 수 있겠는가?

조용하고 한적한 마음을 갖는다면 세상의 영욕과 득실에 흔들리지 않는다. 언제나 냉정한 마음을 가질 수 있다면 세상의 이해에 현혹되고 시비에 휘말리지 않는다. 하지만 대다수 사람들은 그렇게 하지 못한다.

영욕이 분분히 눈앞을 가리는 것은 본분을 지키고 인연을 따르는 것만 못하다. 육신이 가난하고 근심이 적은 것이 복이다. 소박한 음식도 한차례 허기를 채울 수 있다. 비단옷이라고 수천 년을 가겠는가? 세상에서 가장 큰일은 살고 죽는 것이고, 백옥과 황금은 모두 헛된 것이다.

혜율법사(慧律法師)의 말이다. 부귀와 공명에 탐닉하면 그것에 얽매이게 되고, 시비와 이해에 몸을 두면 헤어나지 못하게 된다. 그러므로 생명이 가장 소중하며, 생명 앞에서는 백옥도 황금도 빛을 잃는다는 것을 깨달아야 한다.

23
욕심 없이 운치가 있다면 신선과 같다

자연과 벗하면 심신이 평화롭고
책과 벗하면 심령이 밝아진다.

대나무 울타리 밑에 홀연히 개 짖고 닭 우는 소리 들리니,

황홀한 구름 속 세상에 머무는 것 같다.

서재 안에서 매미 소리 갈까마귀 소리 들으니,

마침내 고요 속의 천지를 안다.

竹籬下(죽리하)에 忽聞犬吠鷄鳴(홀문견폐계명)하면

恍似雲中世界(황사운중세계)요,

芸窓中(운창중)에 雅聽蟬吟鴉噪(아청선음아조)면

方知靜裡乾坤(방지정리건곤)이라.

(後 43)

대나무 울타리 쳐진 초가집에는 닭이 울고 개가 짖으며, 한적한 서재에는 매미가 울고 갈까마귀가 운다. 이는 큰 깨달음을 얻은 이후의 담백하면서도 고아한 정취를 표현한 정경이다. 이는 옛날 문인들과 시인묵객들이 추구하고 흠모하던 생활 방식으로, 동진의 도연명이 그린 전원의 경치와도 같은 것이다.

인생의 이치를 깨달을 사람이라야 이처럼 어떤 구속도 받지 않을 수 있다. 매미와 갈까마귀의 울음소리에서 고요한 이치를 깨닫고, 닭 울음소리와 개 짖는 소리에서 진정한 즐거움을 누릴 수 있는 것이다.

하지만 지금 세상에서 이런 모습을 보기는 어렵다. 생명의 배는 너무 많은 희망과 책임을 실어야 하기에 심산유곡에 은둔한다는 것은 비겁한 것이다. 진취적이고 분투하는 인생의 길에서 자신을 위해 짐을 적당히 덜고, 명리를 삶의 전체로 보지 않는 것이 더욱 중요한 것이다.

24.
영화를 바라지 않으면 미끼에 걸리지 않는다

> 욕심을 줄이면 이권에서 자유로워지고
> 이권에서 자유로우면 처신이 편안해진다.

내가 영화를 바라지 않으니

이익과 봉록의 달콤한 미끼에 걸릴까 염려하지 않아도 되고,

내가 나서기를 다투지 않으니

벼슬살이 위기의 두려움이 없다.

我不希榮(아불희영)이면 何憂乎利祿之香餌(하우호리록지향)이하며,

我不競進(아불경진)이면 何畏乎仕官之危機(하외호사관지위기)리오?

(後 44)

권세를 탐하지 않고 부귀를 갈망하지 않는다면 공명과 이록의 유혹을 무시할 수 있다. 또 험악한 정치판에 놀랄 일도 없을 것이다. 명리를 뜬구름처럼 여기는 사람은 정치판의 알력이나 권세에 아랑곳하지 않으며, '사물 때문에 슬퍼하지 않고, 자기 때문에 기뻐하지 않는' 도량을 가질 수 있다.

　　「이소(離騷)」가 세상에 나온 것은 굴원(屈原)이 자신의 뜻을 펼치지 못하였기 때문이다. 그는 나라에 보답하려는 마음을 가졌지만 간사한 무리들의 배척을 받게 되자 고통과 고민에 휩싸였다. 결국 강물에 투신하여 죽음을 선택한 것은 그가 공명이록을 지나치게 마음에 두었기 때문이다.

　　동진의 도연명은 벼슬길에서 뜻을 얻지 못하자 막다른 길을 걷기보다는 산림에 은거하며 '동쪽 울타리 아래에서 국화를 꺾고, 멀리 남산을 바라본다'는 만고의 절창을 남겼다.

　　죽음으로써 뜻을 밝힌다면 처량하다. 공명을 꿰뚫어 보고 한적한 구름과 들판의 학처럼 자연에 몸을 맡기고 욕심 없는 생활을 누리며 하늘이 내린 수명을 누려라. 그러므로 '삼계(三界)의 밖으로 뛰어나가고 오행(五行) 안에 있지 않는다'면 진정으로 인생의 즐거움을 누릴 수 있는 것이다.

25

시와 그림을 가까이 하라

자연은 복잡한 마음을 가라앉히고
예술은 속된 기운을 사라지게 한다.

숲 속 맑은 샘과 바위 사이를 거닐면
때묻은 마음이 어느덧 사라지고,
시서와 그림에 마음을 두면
속된 마음이 저절로 사라진다.
군자는 도락에 빠져 본심을 잃지 않고
그윽한 경기를 빌려 그 마음을 고른다.

徜徉於山林泉石之間(상양어산림천석지간)하면
而塵心漸息(이진심점식)하고,
夷猶於詩書圖畵之內(이유어시서도화지내)하면
而俗氣漸消(이속기점소)라.
故(고)로 君子雖不玩物喪志(군자수불완물상지)나
亦常借境調心(역상차경조심)이라.
(後 45)

생명의 배는 너무 많은 물욕을 실을 수 없다. 몸과 마음이 자 못 피로할 때는 일손을 내려놓고 한가히 책을 펼치고 차 한 잔 을 마시며, 온몸과 마음으로 생명의 진정한 즐거움을 체험하는 것도 괜찮다.

미국의 정치가 프랭클린은 '독서는 사람을 충실하게 만들고, 사색은 사람을 사려 깊게 만들며, 대화는 사람을 활발하게 만든 다'고 하였다. 독서의 장점이 적지 않음을 알 수 있다.

명리와 시비의 속박에서 벗어나 유유히 자연 속을 거닐면서 시를 노래하고 그림을 그릴 수 있다면, 성정을 기르고 심신을 도야할 수 있다. 대자연의 섭리를 깨닫고 그 맛을 맛볼 수 있다 면, 세상의 많은 속된 기운들을 떨쳐버릴 수 있다. 그러므로 사 람은 성정을 기르고 자신의 기질과 기풍을 배양해야 한다. 하 지만 아름다운 경치에 빠져서 본연의 일을 잊어서는 안 된다.

26.
때로는 마음이 해답을 알려준다

시의 참뜻을 이해하면 곧 시인이고
선의 진리를 깨달으면 곧 선사이다.

글자 한 자를 모르더라도 시의 의미를 아는 사람은
시인의 참 멋을 얻을 수 있고,
한 구절의 게송(偈頌)을 익히지 못했어도
선의 묘미를 아는 사람은
선의 현묘한 뜻을 깨달을 수 있다.

一字不識(일자불식)이라도 而有詩意者(이유시의자)는
得詩家眞趣(득시가진취)요,
一偈不參(일게불참)이라도 而有禪味者(이유선미자)는
悟禪敎玄機(오선교현기)니라.
(後 47)

자연에서 만들어진 옥이 가장 아름답고, 꾸미지 않은 말이 가장 실제에 가깝다. 속됨도 극에 이르면 우아해지는 것이다. 때론 참선을 하지 않는 사람의 말에 오히려 오묘한 의미가 가득하다. 이는 진정으로 선(禪)의 이치를 깨달은 사람이다. 선의 이치는 언어를 통한 이론으로는 터득될 수 없고, 세심하게 관찰하는 생활을 통해 터득된다.

불교를 신봉하지 않는 어떤 이교도가 석가모니에게 물었다.

"묻지도 않고 말하지도 않으며, 말하지도 않고 묻지도 않습니다."

석가모니는 이 말을 듣더니 한참 동안 아무런 말도 하지 않았다. 한참 후 이교도는 깨달음을 얻었다며 돌아갔다. 줄곧 석가모니를 곁에서 모시고 있던 아미타불이 석가모니에게 물었다.

"방금 떠난 이교도가 깨달음을 얻었다고 하였는데, 대관절 어떤 이치를 깨달았기에 그가 마음이 탁 트여 기뻐하며 떠난 것입니까?"

"좋은 말은 주인이 채찍질을 하기를 기다리지 않는다. 채찍의 그림자만 보면 자신이 어디로 달려가야 하는 줄을 안다. 그 이교도가 바로 채찍을 보면 달릴 줄 아는 말과 같지 않느냐?"

살다 보면 말이 필요가 없는 경우가 많다. 말로는 표현할 수 없고 다만 마음으로 사색해야만 답을 찾아낼 수 있는 경우가 많기 때문이다.

27

의심을 버리고 세상을 보라

두려운 눈에는 사물이 온통 무기로 보이고
편안한 귀에는 사물이 온통 음악으로 들린다.

마음이 혼란하면 활 그림자도 뱀으로 보이고

그대로의 바위도 호랑이로 보이니,

이러한 곳에 있는 것은 모두가 살기이다.

마음이 고요하면 호랑이도 갈매기로 만들 수 있고

개구리 소리도 아름다운 음악으로 들리니,

대하는 것마다 참 기틀을 보게 된다.

機動的(기동적)은 弓影(궁영)도 疑爲蛇蝎(의위사갈)하고

寢石(침석)도 視爲伏虎(시위복호)하니

此中(차중)에 渾是殺氣(혼시살기)요,

念息的(염식적)은 石虎(석호)도 可作海鷗(가작해구)하고

蛙聲(와성)도 可當鼓吹(가당고취)하니

觸處(촉처)에 俱見眞機(구견진기)니라.

(後 48)

애를 많이 쓰는 사람은 술잔에 비친 활을 뱀으로 잘못 보거나 풀숲에 있는 돌을 엎드린 호랑이로 오해할 수 있다. 이런 사람들은 음험하고 잔인한 경우가 많다. 술잔에 비친 활을 뱀으로 잘못 보거나 풀숲에 있는 돌을 엎드린 호랑이로 오해하는, 이른바 '배궁사영(杯弓蛇影)'은 뒤가 켕기고 의심을 버리지 못하며 스스로 놀라는 사람을 풍자하는 말이다.

어떤 사람이 캄캄한 좁은 길을 가고 있었다. 그런데 갑자기 누군가 자신의 옷을 잡아당기는 느낌이 들었다. 그는 귀신인 줄 알고 걸음아 날 살려라 하고 내뛰었다.

이튿날 궁금증을 견디지 못한 그가 다시 그 곳을 찾아가 보니 어이없게도 가시덩굴에 자신의 옷이 걸렸던 것이다.

애를 많이 쓰는 사람은 의심이 많다. 양심에 가책이 되는 짓을 저지른 사람은 더욱 밤잠을 이루지 못한다. 일세의 영웅인 조조는 의심이 많았다. 밤중에 누군가 자신을 습격할 것을 막고자 거짓으로 몽유병이 있다고 하면서 침실을 지키던 두 병사를 살해하였다. 이는 남들이 자신에게 접근하지 못하게 경고하는 것이었다.

애를 많이 쓰는 사람은 스스로 화를 자초하지만 도량이 넓은 사람은 보이는 모든 것을 아름답게 여기므로 유쾌한 인생을 살아간다.

세상의 잣대에서 벗어나라

모든 울음소리는 본성에 담겨 있고
모든 생물에는 생명의 의지가 담겨 있다.

사람의 정이란 꾀꼬리 우는 소리를 들으면 즐거워하고

개구리 소리를 들으면 싫어한다.

꽃을 보면 가꾸고 싶어하고 풀을 보면 뽑아버리려 한다.

이것은 모두 형체만을 보기 때문이다.

만일 천성을 보게 된다면

어느 소리가 하늘의 이치를 표현한 것이 아니겠으며,

어느 삶이 자연의 의지가 아니겠는가.

人情(인정)은 聽鶯啼則喜(청앵제즉희)하고 聞蛙鳴則厭(문와명즉염)하며,
見花則思培之(견화즉사배지)하고 遇草則欲去之(우초즉욕거지)하니
但是以形氣用事(단시이형기용사)라.
以性天視之(이성천시지)하면 何者非自鳴天機(하자비자명천기)며
非自暢其生意也(비자창기생의야)리오?
(後 50)

자연계의 만물은 모두 자신이 지닌 섭리에 따라 왕성한 생기를 드러낸다. 아름다운 꾀꼬리의 노래와 제비의 춤이든 매미와 개구리의 울음소리이든 모두 대자연의 생명력을 보여주는 것일 뿐이다.

　하지만 사람들은 오히려 자신의 심정으로 객관적 사물을 느낀다. 독수리의 울음소리를 들으면 즐거움을 느끼고, 까마귀의 울음소리를 들으면 근심에 잠기며, 매미와 개구리의 울음소리를 들으며 불쾌감을 느낀다. 또 고운 꽃을 보면 가꾸고 싶고, 잡초를 보면 뽑아내고 싶은 마음이 든다.

　실재하는 객관적 심정으로 자연의 만물을 바라본다면 꾀꼬리의 울음과 제비의 춤이 보여주는 대자연의 생기발랄함을 발견할 수 있을 것이다. 매미와 개구리의 울음소리 역시 자연의 본연을 드러내는 것이다. 그러므로 대자연의 아름다움과 추함은 기실 사람들이 주관적으로 덧씌워 놓은 것일 뿐이다.

29.
소박할수록 풍요롭다

근심 없는 빈자가 근심있는 부자보다 낫고
편안한 천민이 불편한 귀인보다 낫다.

많이 지닌 사람은 많이 잃게 되니

부자가 가난한 사람의 근심 없음만 못하고,

높이 걷는 사람은 빨리 넘어지니

귀한 사람이 천한 사람의 편안함만 못하다.

多藏者(다장자)는 厚亡(후망)이라

故(고)로 知富不如貧之無慮(지부불여빈지무려)요,

高步者(고보자)는 疾顚(질전)이라

故(고)로 知貴不如賤之常安(지귀불여천지상안)이라.

(後 53)

부유한 사람은 근심이 많고, 가난한 사람은 근심이 적다. 벼슬아치는 위험이 많고, 백성들은 언제나 평안하다. '부유하면 근심하고, 가난하면 즐겁다'고 한 속담이 있다. 부자는 자신의 재산을 빼앗을까 항상 불안하지만, 가난뱅이는 아무것도 가지지 않았기 때문에 거친 음식을 달게 먹는 생활 속에서도 진정한 즐거움을 누릴 수 있다는 말이다.

　　귀한 사람은 부유해도 가난한 것 같고, 가난한 사람은 가난해도 부유한 것 같다.

부유하고 가난함, 귀하고 천함을 선명하게 대비시키는 것은 '돈'이다. 돈이 있고 권세가 있는 사람은 자신의 재산을 지키고 또 자신의 자리를 보전하고자 한다. 그러므로 항상 전전긍긍할 수밖에 없다.

평범한 백성들은 가난하더라도 수입에 따라 지출하므로, 가난한 가운데서도 오히려 남음이 있고 일신의 가벼운 생활을 영위할 수 있다.

30.

앞사람의 성숙함에서 세상을 배워라

젊었을 때 늙은 후를 생각하고
번영할 때 쇠약한 후를 생각하라.

늙은이의 눈으로 젊음을 보면
바쁘게 달리거나 서로 다투는 마음이 사라지고,
쇠락한 이의 눈으로 영화로움을 보면
사치와 화려한 생각을 끊을 수 있다.

自老視少(자로시소)하면
可以消奔馳角逐之心(가이소분치각축지심)이요,
自瘁視榮(자췌시영)하면
可以絶紛華靡麗之念(가이절분화미려지념)이라.
(後 57)

노년의 성숙함으로 젊은 시절의 경박하고 조급함을 살피고, 오늘의 쇠퇴함으로 과거의 번영을 살피듯이, 입장을 바꿔 놓고 생각한다면 어떤 이치든 훤히 깨우칠 수 있다.

어떤 사람은 자신의 사업 계획에 우쭐한 나머지 어려운 것도 마다하지 않고 동분서주하며 어렵사리 창업 자금을 마련한다. 머릿속에서는 계획이 성공한 다음의 멋진 미래를 상상한다. 마음속으로 만족하는 것에 빠져 현실에서의 위험은 더 이상 꼼꼼히 살피지 않는다. 결국 계획은 깡그리 난관에 부딪치고 꼼짝할 수 없이 갇혀 버리게 되면, 그제야 하늘을 우러러 탄식하고 애당초 남의 조언을 받아들이지 않았던 것을 후회한다.

젊은이와 늙은이의 생각은 사뭇 다르다. 혹자는 시간에 대한 젊은이와 늙은이의 인식을 이렇게 요약하였다.

젊은이의 하루는 무척 짧고 일 년은 무척 길다. 늙은이의 하루는 무척 길고 일 년은 무척 짧다.

기실 늙은이도 일찍이 젊은 시절을 거쳤기에, 그들은 일생을 통하여 인생의 진리를 깨달은 셈이다. 인생은 다시 오지 않는다는 것을 안타깝게 여기기 때문에 자신의 경험을 젊은이들에게 남겨 주는 것이다. 하지만 시간이 넉넉한 젊은이들은 늙은이들의 경험을 믿지 않고, 그들의 전철을 되풀이할 뿐이다.

31.

일상의 즐거움이 참다운 기쁨이다

즐거움 속에서 슬픔이 싹트고
괴로움 속에서 기쁨이 솟는다.

한 곳에 즐거운 경지가 있으면

다른 곳에는 즐겁지 않은 경지가 있어 서로 상대를 이룬다.

좋은 광경이 있으면

또 하나의 나쁜 광경이 있어 서로 비교를 이룬다.

평범한 음식으로 벼슬도 권세도 없이 사는 것이

참으로 안락한 삶이다.

有一樂境界(유일락경계)하면
就有一不樂的相對待(취유일불락적상대대)하고
有一好光景(유일호광경)하면
就有一不好的相乘除(취유일불호적상승제)하니,
只是尋常家飯(지시심상가반)과 素位風光(소위풍광)이라야
縫是個安樂的窩巢(재시개안락적와소)니라.

(後 60)

252

도가에서 주장하는 '중(中)'은 기실 '무위(無爲)'와 다르지 않다. 무위와 상대되는 것은 '유위(有爲))'이다. 사람은 세상을 살면서 '유위'와 '무위'의 두 가지를 벗어나지 않는다. 왕서운(王棲雲)은 이렇게 말했다.

무위하는 사람은 천도를 받들어 행하고, 유위하는 사람은 인도를 받들어 행한다. 무위는 하늘과 같고, 유위는 사람과 같다. 짐을 질 때에 양쪽이 갖추어져야 균형이 유지되고 한쪽이 빠지면 기우는 것과 같다. 양쪽이 모두 빠지면 짐도 없어지게 되고 본래의 자리로 돌아가게 된다.

짐을 모조리 내려놓아 짐조차 없게 한다면 얼마나 가볍고 자유로우며 자연스럽겠는가? 이런 태도로 만사를 대한다면 자연히 통달하고 낙관할 것이다. 나아가 생사의 고비에서도 이맛살을 찌푸리지 않을 것이다.

사람이 천명을 즐기고 본분을 지킬 수 있다면 언제 어디서나 유유자적할 수 있다. 또 달관의 태도로 세상을 볼 수 있다면 자연스럽게 살아갈 수 있다. 사람이 본분을 지키고 사물의 이치를 꿰뚫어 유쾌하게 살아갈 수 있다면 천지는 맑고 평안하며, 마음은 태연자약해질 것이다.

253

32. 살아 있는 모든 것은 언젠가 죽는다

아무리 욕심내도 반드시 잃게 되고
몹시 애태워도 기어코 흩어지게 된다.

이루어 놓은 것이 반드시 무너지게 된다는 것을 안다면,

이루려는 마음을 지나치게 굳히지 않을 것이다.

삶이란 반드시 죽은 것임을 안다면,

삶을 보전하기 위해 지나치게 애태우지 않을 것이다.

知成之必敗(지성지필패)면

則求成之心(즉구성지심)이 不必太堅(불필태건)하고,

知生之必死(지생지필사)면

則保生之道(즉보생지도)에 不必過勞(불필과로)니라.

(後 62)

삶과 죽음은 천명이 있고, 부유하고 귀함은 하늘에 달려 있다.

성공이 있으면 실패도 있다는 것을 안다면 성공에 대한 욕망이 너무 지나치지는 않을 것이다. 아무리 장수하더라도 결국 죽음을 피할 수는 없다는 것을 안다면 오래 살고 싶어 온갖 정성을 들여 애를 쓰지는 않을 것이다.

승리와 패배는 전쟁에서는 흔히 있는 일이다. 생활에 있어서도 마찬가지이다. '총명한 자가 천 번 생각해도 한 번 실수는 있게 마련이다'는 속담이 있다. 그렇다면 평범한 사람들은 어떻겠는가? 인생은 짧고 고단하거늘 무엇 때문에 지나치게 이것저것 따지겠는가? 성패와 득실을 마음에 담을 필요는 없다. 오늘 아침에 달을 보며 목청 돋우어 노래하다가 내일 아침이면 온갖 근심에 휩싸이는 것은 마음 편하게 일생을 살아가는 것만 못한 것이다.

"자고로 그 누군들 죽지 않을 수 있던가?"

그 숱한 풍운의 인물들은 지금 어디로 갔는가? 세상에 불사약은 없다. 온갖 방법으로 삶을 연장하려고 애쓰는 것보다 하루하루를 충실하고 즐겁게 살아가는 편이 낫다.

33

마음을 비우면 몸까지 한가롭다

물은 바삐 흘러도 그지없이 고요하고
꽃은 점점이 떨어져도 지극히 한가하다.

옛 고승이 이르기를
'대나무 그림자가 섬돌을 쓸어도 티끌을 움직이지 않고,
달빛이 못물을 뚫어도 물위에는 흔적이 없다'고 했다.
또 옛 선비가 이르기를
'흐르는 물이 아무리 빨라도 주위는 고요하고,
꽃은 떨어져도 마음은 스스로 한가하다'고 했다.
항상 이러한 뜻을 가지고 사물을 본다면
몸과 마음이 얼마나 자유롭겠는가.

古德(고덕)이 云(운)하되 「竹影掃階塵不動(죽영소계진부동)이요,
月輪穿沼水無痕(월륜천소수무흔)라고」 하고,
吾儒(오유)가 云(운)하되,
「水流任急境常靜(수류임급경상정)이요,
花落雖頻意自閑(화락수빈의자한)」이라 하니,
人常持此意(인상지차의)하여 以應事接物(이응사접물)하면
身心(신심)이 何等自在(하등자재)리오.

(後 63)

삼계(三界)의 밖으로 뛰어나가고 오행(五行) 안에 있지 않는다.

이는 인생의 진리를 깨달았음을 보여주는 말이다.

불가에서 '육근(六根)이 깨끗하다'는 것은 나쁜 말을 듣지 않고, 나쁜 마음을 갖지 않으며, 나쁜 것을 보지 않고, 나쁜 냄새를 맡지 않으며, 나쁜 음식을 먹지 않고, 나쁜 생각을 품지 않는다는 것이다. 즉, 오관과 생각에 아무런 인상도 남기지 않는 것이다. 오관의 유혹을 없애서 육근을 깨끗하게 하면 사대*(四大)가 텅 비게 됨으로써 이런 경지에 이를 수 있다.

현대인에게 있어서 마음의 욕망을 깨끗이 없앤다는 것은 달나라에 오르기만큼이나 어려운 것이다. 현대 사회는 소비를 미덕으로 여기고, 아울러 욕망을 부추기기 때문이다. 사회의 발전은 사람들에게 상당한 정도로 욕망을 이룰 수 있는 여건을 만들어준다. 그러므로 욕망으로 가득한 시대에는 의지를 북돋워 고상한 정신적 경지를 세우는 것이 필수적인 전제가 된다.

----

* 사대(四大) : 불교에서 주장하는 물질의 구성요소로, 지(地), 수(水), 화(火), 풍(風)의 4종류를 가리킨다.

34.

자연은 소리는 최상의 문장이다

바람소리를 통해 하늘의 노래를 듣고
숲의 안개를 통해 땅의 문장을 본다.

숲 사이에 솔바람 소리와

돌 위의 샘물 소리도 고요히 듣다 보면,

모두가 천지 자연의 음악이다.

풀숲의 안개 빛과 물속의 구름 그림자도

한가롭게 들여다 보면,

천지의 으뜸가는 문장이다.

林間松韻(임간송운)과 石上泉聲(석상천성)도
靜裡聽來(정리청래)면 識天地自然鳴佩(식천지자연명패)하고,
草際煙光(초제연광)과 水心雲影(수심운영)도
閑中觀去(한중관거)면 見乾坤最上文章(견건곤최상문장)이라.
(後 64)

숲속의 소나무를 스치는 바람 소리와 바위 위를 타고 흐르는 샘물 소리를 고요히 들어보면, 이것이 천지간에서 가장 자연스럽고 미묘한 음악임을 알 수 있다. 들판 가득 자욱한 안개와 물에 비친 구름을 한가한 마음으로 바라보면, 이것이 세상에서 으뜸가는 문장임을 알 수 있다.

대자연이 지닌 진정한 의미는 누구나 깨달을 수 있는 것은 아니다. 대자연의 아름다운 경관을 마주하면 누구나 나름의 느낌이 있다. 생활의 정취와 교양의 수준이 높은 사람이라면 흐르는 샘물 소리와 솔숲을 스치는 바람 소리는 자연이 연주하는 가장 아름다운 음악으로 들릴 것이고, 물에 드리운 연무와 하늘의 흰 구름은 자연이 빚어낸 가장 화려한 그림으로 보일 것이다.

하지만 품행이 낮고 무지한 사람이라면 세상에서 가장 아름다운 음악도 그저 소리로만 들릴 뿐이고, 세상에서 가장 화려한 그림도 그저 물체와 빛깔로만 보일 것이다. 이런데 어떻게 자연의 정취를 깨달을 수 있겠는가?

35.

사람의 마음을 채우기는 쉽지 않다

인심을 얻기는 맹수를 길들이기보다 어렵고
인심을 채우기는 계곡을 채우기보다 힘들다.

눈으로 서진의 가시밭을 보면서도
오히려 칼날의 푸른 서슬을 뽐내고,
몸은 북망산의 여우와 토끼 몫이건만
오히려 황금에 눈이 어둡다.

眼看西晉之荊榛(안간서진지형진)하되 猶矜白刃(유긍백인)하고,
身屬北邙之狐兎(신속북망지호토)하되 尙惜黃金(상석황금)이라.
語(어)에 云(운)하되
猛獸(맹수)는 易伏(이복)이나 人心(인심)은 難降난항하며,
谿壑(계학)은 易塡(이전)이나 人心(인심)은 難滿(난만)이라 하니 信哉(신재)라.
(後 65)

옛사람은 '사나운 짐승은 길들이기 쉬워도 사람의 마음은 항복받기 어렵고, 깊은 골짜기는 채우기 쉬워도 사람 마음은 채우기가 어렵다'고 말했다. 참으로 옳은 말이다.

탐욕은 모든 악의 근본이다. 탐욕이 지나치면 마음이 흔들리고, 계산과 모략에 휩쓸리면 욕망을 더욱 커지며, 마음이 바르지 않으면 욕심에 얽매인다. 사물의 이치에서 벗어나 일을 행하면, 일을 망가뜨리게 되고 큰 화를 부르게 된다.

《욱리자(郁離子)》에는 이런 이야기가 있다.

호랑이 한 마리가 고라니를 뒤쫓았다. 고라니는 살기 위해서 죽어라고 내달렸고, 급한 나머지 깎아지른 벼랑에서 뛰어내렸다. 호랑이도 고라니를 쫓아 벼랑에서 뛰어내렸다. 결국 둘다 죽고 말았다.

36.
마음에 생기를 불어넣어라

푸른 산을 닮아 청정한 심성을 기르고
푸른 물을 닮아 자유로운 본성을 떨쳐라.

마음에 바람과 물결이 없으면
가는 곳마다 푸른 산과 푸른 물이다.
본성 속에 화육하는 기운이 있으면
이르는 곳마다 물고기가 뛰고 솔개가 난다.

心地上(심지상)에 無風濤(무풍도)면
隨在(수재)에 皆青山綠水(개청산록수)요,
性天中(성천중)에 有化育(유화육)이면
觸處(촉처)에 見魚躍鳶飛(견어약연비)라.
(後 66)

마음이 고요하여 풍랑이 일지 않으면, 어디를 가나 청산녹수이다. 평화와 안녕으로 가득한 것이다. 천성이 착하여 남을 사랑한다면 만물을 낳아 기를 수 있다. 눈에 보이는 것은 모두 생기로 충만한 것이다.

그러나 마음이 식은 재와 같다면 비단같이 화려하더라도 생기는 전혀 찾아볼 수 없다. 마음의 나무가 항상 푸르다면 민둥산을 보면서도 미래의 푸르름을 상상할 수 있다. 삶의 정취는 이처럼 사람의 마음 깊은 곳에서 비롯되는 것이다.

마음이 유쾌할 때는 누구든 기쁜 마음으로 대할 수 있다. 하지만 마음이 좋지 않을 때는 누구를 봐도 밉살스러울 뿐이다. 마음에 잡념이 너무 많으면 마음은 평형을 잃게 된다. 마음을 화평하게 하고 욕망을 억제하고 고민을 씻어내려면 낙관적이고 활달하고 조화롭게 주위 사람들과 어울려야 한다. 그러면 세상 어디서나 청산녹수를 보게 될 것이다.

37.
둘러싼 환경에 얽매이지 마라

물고기는 물을 만나 헤엄치고
새는 바람을 타고 날아오른다.

물고기는 물을 얻어 헤엄을 치지만 물을 잊고 있으며,

새는 바람을 타고 날건만 바람이 있음을 모른다.

이를 알면 사물의 얽매임에서 벗어나게 되고

하늘의 묘한 작용을 즐길 수가 있다.

魚得水逝(어득수서)로되 而相忘乎水(이상망호수)하고

鳥乘風飛(조승풍비)로되 而不知有風(이부지유풍)하니

識此(식차)면 可以超物累(가이초물루)하고

可以樂天機(가이낙천기)라.

(後 68)

264

물속의 물고기는 어째서 유유히 헤엄을 칠 수 있는 것인가? 몸을 물속에 두고 있으면서도 물의 중요성을 잊었기 때문이다. 허공을 나는 새는 어째서 자유롭게 비상할 수 있는 것인가? 몸을 바람에 의지하면서도 바람의 존재를 잊었기 때문이다

  명리와 재물은 모두 자기 밖의 물건이다. 단지 쓰임이 될 수 있을 뿐이지 나를 얽어맬 수는 없는 것이다. 마음은 사람의 주재자이다. 만약 평생토록 명리에 얽매인다면 명리의 노예가 되는 것이다. 그러나 마음이 이를 주재한다면, 만물은 나를 위해 쓰일 수 있으며 아무런 근심이나 걱정이 없을 것이다.

38.
세상은 내일 어떻게 달라질지 모른다

흥한 것은 반드시 망한 것으로 되고
쇠한 것은 반드시 성한 것으로 이어진다.

―

무너진 축대에 여우가 잠을 자고 황폐한 전각에 토끼가 뛰노는

여기가 한때는 노래하고 춤추던 곳.

국화는 이슬에 싸늘하고 안개는 시든 풀에 감도는

여기가 한때는 전쟁하던 곳.

성하고 쇠함이 어찌 항상 같으며,

강하고 약함이 또 어디 따로 있겠는가?

상객이 여기에 미치면 사람의 마음은 재처럼 식는다.

―

狐眠敗砌(호면패체)하고 兎走荒臺(토주황대)하니

盡是當年歌舞之地(진시당년가무지지)요,

露冷黃花(노랭황화)하고 煙迷衰草(연미쇠초)하니

悉屬舊時爭戰之場(실속구시쟁전지장)이라,

盛衰何常(성쇠하상)이며 强弱安在(강약안재)오?

念此(염차)면 令人心灰(영인심회)라.

(後 69)

무너진 담벼락과 성벽, 퇴락한 정자와 누대에서는 지난날 즐거운 춤과 노래가 있던 곳이다. 서늘한 바람 속에 꽃밭 가득 국화가 피었던 곳은 지금 안개가 시든 풀을 덮어 하늘까지 이어진다. 지금은 이처럼 처량한 곳이지만 지난날에는 떠들썩하기 그지없었다. 하지만 그 모든 것은 사라지고 세상은 달라졌다.

푸른 바다가 뽕밭으로 변하듯 세상만사는 변화를 헤아리기 어렵다. 얼마나 많은 풍운의 인물들이 사라져 갔는가? 하늘을 찌르던 의기, 명성, 권세의 인물들이 지금은 백골이 되어버렸다. 이는 평범한 사람들이 죽은 다음의 모습과 무엇이 다른가? 무엇 때문에 숱한 사람들은 권세에 매달리고 성패에 연연하는 것인가?

권세는 세상을 뒤흔들고 부유함은 임금에 버금갔던 그런 인물들은 또 어떻게 되었는가? 패가망신하였다. 곽거병(藿去病)을 보라! 자신을 아끼지 않고 공을 세웠지만 어찌 되었는가? 그의 후손은 멸족되고 말았다. 흥망성쇠는 이처럼 종잡을 수 없는 것이다. 무엇 때문에 이를 좇느라 애를 쓰는가?

39.
최선을 다하되 무심히 즐겨라

영욕에 붙들리지 않으면 마음이 한가롭고
가고 머무름에 매이지 않으면 몸이 편안하다.

영욕에 놀라지 않고 한가로이
뜰 앞에 피고 지는 꽃을 본다.
가고 머무름에 뜻이 없어
무심히 하늘 밖에 떠도는 구름을 바라본다.

寵辱(총욕)에 不驚(불경)하니
閑看庭前花開花落(한간정전화개화락)하고,
去留(거류)에 無意(무의)하니
漫隨天外雲卷雲舒(만수천외운권운서)니라.
(後 70)

세상은 태연자약하게 살아야지, 외부의 사물에 이끌려서는 안 된다. 총애를 받더라도 기뻐하지 마라. 총애를 얻으면 버림 받을 날도 있는 것이다.

양국충(楊國忠)의 누이인 양귀비(楊貴妃)가 현종의 총애를 받게 되자, 그녀의 온 집안이 은택을 입어 권세가 천하를 뒤흔들게 되었다. 하지만 천보(天寶) 14년에 안록산(安祿山)이 어양(漁陽)에서 반란을 일으키자 현종은 피란하게 되었다. 마외역(馬嵬驛)에 이르러 양귀비는 죽음을 당했고, 결국 그녀의 가문은 멸족하고 말았다.

진정으로 지혜로운 자는 벼슬자리에서는 최선을 다하고 초야에 묻혀서는 유유자적 살아간다. 나아갈 수 있고 물러설 수 있으며, 굽힐 수 있고 펼 수 있다. 총애를 받든 모욕을 받든 놀라지 않고, 떠나고 머무름에 연연하지 않는다. 지금 만약 이런 경지에 이를 수 있다면 자신을 득실과 성패에 빠뜨리지 않을 것이다.

40.
가장 좋은 때를 기다려라

오래 엎드렸던 새가 높이 날고
먼저 핀 꽃이 빨리 시든다.

───

오래 엎드려 있는 새는 반드시 높이 날고,
먼저 핀 꽃은 홀로 일찍 시든다.
이것을 알면 발을 헛디딜 근심도 없을 것이고,
조급한 마음은 사라지고 말 것이다.

───

伏久者(복구자)는 飛必高(비필고)하고
開先者(개선자)는 謝獨早(사독조)하니,
知此(지차)면 可以免蹭蹬之憂(가이면층등지우)하고
可以消躁急之念(가이소조급지념)이라.
(後 77)

오래 엎드려 있던 새는 한번 날아오르면 높이 날고, 먼저 피어난 꽃은 일찍 떨어지는 법이다. 이런 이치를 안다면 뜻을 이루기 어렵다고 초조해 하지는 않는다. 고급하고 불안한 마음을 떨쳐 버릴 수 있을 것이다.

어떤 새가 있었는데 삼 년 동안 울지 않다가 한 번 울면 사람들을 깜짝 놀라게 만들고, 삼 년 동안 날지 않다가 한 번 날아오르면 하늘까지 올랐다고 한다. 이 새는 오랫동안 엎드려 있기에 정기를 축적하여 일단 기회가 있으면 남달리 날아올랐던 것이다.

모든 일은 가장 좋은 때를 기다려야 한다. 눈앞의 이익에 급급하지 말고 내면을 수양해야 기회가 왔을 때에 '울지 않으면 않았지 한 번 울었다 하면 사람들을 놀라게 하고', '날지 않으면 않았지 한 번 날았다 하면 하늘까지 올라가는' 것이다.

또한 자신에 대하여 믿음을 갖는 사람은 소심해서는 안 된다. 속담에 '어렸을 적에 뛰어나다고 하여 커서도 반드시 훌륭해지는 것은 아니다'라고 했다. 이는 먼저 핀 꽃이 반드시 빨리 지는 것과 같은 이치이다. 사람이 너무 일찍 트이면 빨리 평범해진다. 그렇지 않다면 어떻게 '검려기궁(黔驢技窮, 작은 재능마저 바닥이 드러나다) 같은 말이 존재하겠는가? 오히려 아무 배운 것이 없는 사람도 꾸준히 실력을 쌓으면 나중에는 큰 그릇이 될 수 있다.

41.
죽을 때는 빈손이 된다는 것을 기억하라

화려한 꽃과 잎은 꿈처럼 사라지고
부귀영화는 순식간에 사라진다.

나무는 무성한 잎이 져 뿌리만 남게 될 때에야
꽃과 잎사귀가 허망한 것임을 알게 되고,
사람은 죽어서 관 뚜껑을 덮은 뒤에야
자손과 재물이 쓸데없는 것임을 알게 된다.

樹木(수목)은 至歸根而後(지귀근이후)에
知華蕚枝葉之徒榮(지화악지엽지도영)하고,
人事(인사)는 至蓋棺而後(지개관이후)에
知子女玉帛之無益(지자녀옥백지무익)이라.
(後 78)

사람이 생명에 대하여 진지하게 깨닫지 못한다면 생로병사의 관건을 어떻게 알 수 있겠는가?

'친척들은 나의 죽음을 슬퍼하지만 낯모르는 사람들은 노래를 부르는' 법이다. 가까운 사람의 죽음에 대해서는 한없는 슬픔에 빠질지도 모르지만, 전혀 관계없는 사람들은 변함없이 자기 생활을 한다. 죽음이란 그저 육신을 흙에 맡기고 자연으로 돌아가 해탈을 찾는 것일 뿐이다.

자연은 춘하추동이 있고, 사람에게는 생로병사가 있다. 초목은 일시의 화려함이 있지만, 그 화려함이 항상 존재할 수는 없다. 사람이 죽으면 살아생전의 모든 것들이 무슨 의미가 있겠는가? 석가모니는 젊은 시절에 부왕을 따라 궁궐을 나와 세상을 돌아보면서 피로에 지친 사람들, 채찍질당하는 소, 먹이를 다투는 새, 병든 노인을 보게 되었다. 그는 이에 생명의 무상함을 느끼고 출가하여 도를 닦음으로써 생명의 고통을 해결하려는 마음을 갖게 되었다.

42.
돈이 있으나 없으나 고민은 다 있기 마련이다

의로운 사람은 큰 권세를 사양하고
탐욕스런 사람은 한 푼의 돈을 다툰다.

의로운 선비는 천승의 나라를 사양하고

탐욕스런 사람은 한푼의 돈으로 다툰다.

인품이야 하늘과 땅의 차이지만

명예를 좋아함과 이익을 밝히는 것은 다를 것이 없다.

천자는 나라를 다스리기에 번뇌하고

거지는 음식을 얻기에 부르짖는다.

신분은 하늘과 땅의 차이지만

초조한 생각과 초조한 목소리는 다를 것이 없다.

烈士(열사)는 讓千乘(양천승)하고

貪夫(탐부)는 爭一文(쟁일문)하니 人品(인품)은 星淵也(성연야)나

而好名(이호명)은 <u>不殊好利</u>(불수호리)요,

天子(천자)는 營家國(영가국)하고 乞人(걸인)은 號饔飧(호옹손)하니

位分(위분)은 宵壤也(소양야)나

而焦思(이초사)는 何異焦聲(하이초성)이리오.

(後 80)

장렬한 선비는 천승의 나라를 남에게 줄 수 있고, 인색한 소인배는 한 푼의 돈을 다투니, 그 인품은 천양지차라고 할 수 있다. 하지만 명성을 좋아하고 재물을 추구함에 있어서는 다르지 않다.

속담에 '부자는 부자의 고뇌가 있고, 가난뱅이는 가난뱅이의 비애가 있다'고 한다. 사람은 처한 위치에 따라 겪게 되는 갈등도 다르다. 부자의 고뇌는 어떻게 하면 더 돈이 많아질 수 있을까 하는 것이고, 가난뱅이에서 벗어날 수 있을까 하는 것이다. 그들은 고민하는 내용은 다르지만, 고민의 성격과 정도는 완전히 일치한다.

황제는 국가를 경영하고, 거지는 거리에서 음식을 구걸한다. 지위에 있어서 양자는 하늘과 땅의 차이가 있지만, 하루 종일 국가를 걱정하는 것은 거지가 구걸하는 애달픈 목소리와 다르지 않다.

그러므로 성품의 고귀함은 지위나 신분에 달린 것이 아니다. 사람은 본질적으로 평등한 존재이다. 부귀와 빈천은 모두 몸 밖의 물건이다.

43.

희망은 메마르지 않는다

> 이치를 깨달은 자는 번거로이 따지지 않고
> 인정을 아는 자는 사사로이 주장하지 않는다.

만물의 소리가 적적한 가운데

홀연히 새 한 마리 우는 소리를 들으면

온갖 그윽한 정취가 일어나고,

모든 초목이 시든 뒤에

홀연히 한 가지의 꽃이 피어난 것을 보면

무한한 삶의 기운이 샘솟는다.

보라, 마음은 항상 메마르지 않고

정신은 사물에 부딪쳐 나타나는 것을.

萬籟寂寥中(만뢰적료중)에 忽聞一鳥弄聲(홀문일조롱성)하면
便喚起許多幽趣(변환기허다유취)하고,
萬卉摧剝後(만훼최박후)에 忽見一枝擢秀(홀견일지탁수)는 하면
便觸動無限生機(변촉동무한생기)하니,
<u>可見性天</u>(가견성천)은 未常枯槁(미상고고)하고
機神(기신)은 最宜觸發(최의촉발)이라.

(後 91)

세상의 온갖 소리가 조용해진 가운데 홀연 들리는 새 울음소리는 고즈넉한 정적을 깨뜨릴 것이다. 만물이 영락한 뒤에 홀로 우뚝한 고운 꽃은 마음에 무한한 생기를 불어넣을 것이다. 그러므로 정취는 종종 생활 속에서 계기가 만들어진다. 그것은 멀리 있지 않으며 바로 눈앞에 있다. 그것은 사람에게 심령의 감응을 일으키고 그윽한 정취를 자극한다.

송나라의 위대한 시인 육유는 '산 첩첩 물 첩첩 길도 없는 듯한데, 버들 그늘 꽃 핀 곳에 마을 하나 또 있다'고 노래하였다. 세상에서 멀리 떨어진 곳에서의 경험은 삶의 맛을 더해준다.

삶도 마찬가지이다. 누구도 영원히 순풍에 돛을 달고 살아갈 수는 없다. 좌절과 곤란이 불시에 닥칠 수 있는 것이다. 때로는 비를 내리고 때로는 바람을 불어오는 자연처럼 말이다. 하지만 비바람이 지나가면 갠다는 것을 잘 기억하라. 실의에 빠졌을 때는 곤경을 벗어날 수 있다는 믿음을 가져야 한다. 의기소침해져서는 안 된다. 희망이 사라지지 않아야 성공이 있는 것이다.

44.
단순한 것이 아름답다

문장은 꾸밈이 없어야 발전하고
도는 꾸밈이 없어야 완성된다.

글은 꾸미지 않음으로서 나타나고
도는 꾸미지 않음으로써 이루어진다.
이 졸(拙)자 한 자에 무한한 뜻이 있으니,
'복사꽃 핀 마을에서 개가 짖고 뽕나무밭에서 닭이 운다'면
얼마나 순박한가?
그러나 '찬 연못에 달 비추고 고목에 까마귀 운다'고 하면
기교가 있어 보이기는 하지만
쓸쓸하고 가벼운 기상을 느끼게 된다.

文以拙進(문이졸진)하고 道以拙成(도이졸성)하니
一拙字(일졸자)에 有無限意味(유무한의미)라
如挑源犬吠(여도원견폐)와 桑間雞鳴(상간계명)은 何等淳龐(하등순롱)고?
至於寒潭之月(지어한담지월)과 古木之鴉(고목지아여)는
工巧中(공교중)에 便覺有衰颯氣象矣(변각유쇠삽기상의)라.
(後 93)

278

글은 서투르기에 나아지고 도는 서투르기에 이루어진다. 서투르다는 말에는 무한한 의미가 담겨져 있다.

'복사꽃 핀 마을엔 개들이 짖고, 뽕밭 사이에서 닭들이 운다'고 한다. 얼마나 소박한가! 하지만 '차가운 연못에 비친 달, 고목에서 우는 까마귀'의 경우는 묘하기는 하지만 쓸쓸한 분위기가 느껴진다.

서투름은 우둔함이 아니라 소박함이다. 소박한 아름다움과 정교한 아름다움은 모두 아름다운 경지이다. 소박함에서 본성의 아름다움이 구현되고, 정교함에서 지혜가 드러난다.

정교함의 특별함은 대개 서투름에 감춰져 있다. 그러므로 정교한 수식에 비해 서투르고 소박한 아름다움이 한층 깊이 있는 것이다.

연꽃이 아름다운 것은 꾸미지 않았기 때문이다. 꾸밈이란 인공을 더하는 것으로, 외래적인 것의 도움으로 진실한 본성을 덮는다. 인간의 손이 닿지 않은 원시림과 생태공원이 인공정원보다 나은 까닭이 바로 여기에 있다.

45.

생각이 변하면 세상이 달라진다

생각이 달라지면 세상이 달라지고
마음이 달라지면 고통이 희락이 된다.

사람의 행복과 불행은 마음에서 생긴다. 석가가 말했다.
'욕심은 타오르면 그것이 곧 불구덩이고,
탐애에 빠지면 그것이 곧 고해가 된다.
한 생각이 깨끗하면 사나운 불꽃도 연못이 되고
한 마음이 깨달으면 배가 저 언덕을 오를 수 있다'
이처럼 생각이 조금만 달라도 경계는 크게 달라지니,
어찌 삼가지 않을 수 있겠는가?

人生福境禍區(인생복경화구)는 皆念想造成(개념상조성)이라
故(고)로 釋氏云(석씨운)하되
「利慾熾然(이욕치연)하면 卽是火坑(즉시화갱)이요
貪愛沈溺(탐애침닉)하면 便爲苦海(변위고해)나,
一念淸淨(일념청정)하면 烈焰成池(열염성지)하고
一念警覺(일념경각)하면 船登彼岸(선등피안)이라」하니,
念頭稍異(염두초이)면 境界頓殊(경계돈수)라 可不愼哉(가불신재)아?
(後 109)

사람의 일생이 행복한지, 참담한지는 전적으로 주관적 생각에 달려 있다. 명리와 욕망이 지나치면 육신을 욕망의 구렁텅이에 파묻을 것이다.

욕심이 지나치면 자신을 고통의 바다에 빠뜨릴 것이다. 예로부터 얼마나 많은 영웅호걸들이 공명이록의 유혹 때문에 목숨을 잃고 말았는지 생각해 보라. 삶의 이치를 잘 깨닫는다면 고통의 바다를 낙원으로 바꿀 수 있다.

화복과 고락은 생각 하나의 차이일 뿐이다. 석가모니께서는 일찍이 이를 간파하고 현실의 삶 속에서 이를 증명해냈다. 탐욕에 매달리는 마음은 사람을 고통의 바다에 빠뜨린다. 순결한 마음은 마음의 번뇌를 없애고, 자아의 깨달음은 지혜의 피안(彼岸)에 이르게 만든다.

인생은 짧지만 갈림길은 많기만 하다. 그러므로 살아가면서 선택의 기로에 직면하였을 때는 신중하고 또 신중하게 선택해야 한다. 가장 좋은 방법은 착한 것을 가려 따르는 것이다.

46.
노력하는 와중에 깨닫는 바가 있다

물방울은 떨어져 돌을 뚫고
과일은 익으면 꼭지가 떨어진다.

새끼줄로 톱질해도 나무가 잘라지고

물방울이 떨어져 돌을 뚫는다.

도를 배우는 사람은 모름지기 힘써 구하라.

물이 모이면 개천을 이루고

참외는 익으면 꼭지가 떨어진다.

도를 얻으려는 사람은 모든 것을 자연에 맡겨라.

繩鋸木斷(승거목단)하고 水滴石穿(수적선천)하니
學道者(학도자)는 須加力索(수가력색)이라.
水到渠成(수도거성)하고 瓜熟蒂落(과숙체락)하니
得道者(득도자)는 一任天機(일임천기)니라.
(後 110)

당나라의 시인 이백(李伯)은 한 노인이 쇠방망이를 갈고 있는 모습을 보게 되었다. 자못 호기심이 생긴 그는 까닭을 물어보니 노인은 쇠방망이를 갈아서 바늘을 만들려고 한다고 했다.

"이렇게 굵은 쇠방망이를 어느 세월에 갈아서 바늘로 만든단 말이오?"

그러자 그 노인은 이렇게 말했다.

"깊은 공을 들이면 쇠방망이도 갈아서 바늘을 만들 수 있다오."

순자(荀子)의 「권학(勸學)」에는 '한 걸음이 쌓이지 않으면 천리 길을 갈 수 없고, 작은 물줄기가 쌓이지 않으면 강과 바다를 이룰 수 없다'고 하였다. 또 '낫은 버려두면 썩은 나무도 벨 수 없지만 버려두지 않으면 금석도 아로새길 수 있다'고 하였다. 순자가 말하려고 한 것은 한번 마음먹으면 끝까지 해내는 불굴의 정신이다.

'새끼줄이 나무를 자르고, 물방울이 돌을 뚫는다'는 것도 꾸준함을 견지하는 정신을 강조한 것이다. '송곳으로 허벅지를 찌르고', '대들보에 머리칼을 붙들어 맨' 이야기는 갖은 어려움을 참고 견디며 공부에 정진하는 태도를 말하는 것이다. 어려움을 만나면 물러서고 조금 맛을 보고 대충 그만둔다면 아무것도 이룰 수 없다.

47.

이 또한 지나가리라

스산한 기운 속에서 생기가 넘쳐흐르고
초목이 시드는 가운데 생명력이 왕성해진다.

잎이 지면 뿌리에서 싹이 돋아나고,

비록 계절이 엄동이라 해도 동지가 지나면 봄기운이 감돈다.

죽음의 기운 가운데서도 항상 생성의 뜻이 앞서니,

이것이 바로 천지의 마음이다.

草木(초목)이 纔零落(재령락)하면 便露萌穎於根底(변로맹영어근저)하고
時序(시서)가 雖凝寒(수응한)이나 終回陽氣於飛灰(종회양기어비회)라.
肅殺之中(숙살지중)에 生生之意(생생지의)가 常爲之主(상위지주)하니
卽是可以見天地之心(즉시가이견천지지심)이라.

(後 112)

하늘은 사람의 길을 끊지 않고, 사물의 이치를 끊지도 않는다. 흔히 '삶이 있으면 반드시 죽음이 있고, 죽음이 있으면 반드시 삶이 있다'고 한다. 천지만물은 이처럼 꼬리를 물고 일어난다. '들판의 불길은 꺼져도 되살아나고, 봄바람은 불어오고 또 불어오는' 것처럼 말이다.

남송의 육유는 '산 첩첩 물 첩첩 길도 없는 듯한데, 버들 그늘 꽃 핀 곳에 마을 하나 또 있다'고 노래하였다.

사람은 살면서 여러 가지 곤경에 부딪친다. 곤경에서 벗어나는지 매몰되는지는 마음에 굳은 의지가 있느냐가 관건이다. 의지가 굳은 사람은 막다른 길에서도 전기를 마련한다. 그러므로 하늘은 사람의 길을 끊지 않음을 알 수 있다.

자신의 전도에 대해 필승의 신념을 지니고서 포기하지 않고, 하늘을 원망하거나 남을 허물하지 않는다면, 비바람이 지나가면 반드시 무지개가 뜰 것이고, 암흑이 지나가면 여명의 빛이 비출 것이며, 추운 겨울이 지나가면 따뜻한 봄이 찾아올 것이다. 순간의 곤경은 영원한 성공을 길러낼 것이다.

48.
사람과 자연의 마음은 서로 통한다

눈 오는 밤의 독서는 정신을 맑게 하고
산에서 지르는 고함은 기운을 호방하게 한다.

높은 곳에 오르면 마음이 넓어지고,

시냇가에 서면 뜻이 멀어진다.

눈비 오는 밤에 책 읽으면 정신이 맑아지고,

언덕에 올라 시를 읊으면 흥취가 높아진다.

登高(등고)하면 使人心曠(사인심광)하고
臨流(임류)하면 使人意遠(사인의원)하며
讀書於雨雪之夜(독서어우설지야)면 使人神淸(사인신청)하고
舒嘯於丘阜之巓(서소어구부지전)하면 使人興邁(사인흥매)라.
(後 114)

높은 곳에 올라가면 마음이 넓어지고, 안목이 커지며, 생각이 민첩해진다. 그러므로 맹자는 '공자께서는 동산(東山)에 올라가니 노(魯)나라 땅이 작아 보였고, 태산(泰山)에 올라가니 천하가 작아 보였다'고 하였다. 옛글에는 '노래는 하지 않고 암송하는 것을 부(賦)라고 하는데, 높은 곳에 올라가 부를 할 수 있으면 대장부가 될 만하다'고 하였다.

청나라의 기효람(紀曉嵐)은 「등고부(登高符)」라는 작품에서 '한 걸음 한 걸음 또 한 걸음, 한 걸음씩 오르고 올라 높은 산에 올라서, 돌아보니 붉은 햇살은 그만큼 낮고, 오대양과 사방의 호수가 모두 눈에 들어온다'고 하였다.

마오쩌뚱은 창사(長沙)의 쥐즈저우에서 '아득한 대지에게 물어보나니, 누가 흥망을 주관할 것인가'라는 감개를 표출하였다. 또 조국 강산에 대하여 '모두들 떠나 버렸도다! 수많은 풍류의 인물들은 여전히 오늘을 보고 있다'는 호기를 쏟아냈다.

개인의 감정에 대한 대자연의 영향이 매우 크다는 것을 알 수 있다. 사람도 대자연과 때로는 마음이 통한다는 것을 부인할 수 있겠는가?

49

전체를 보는 눈을 길러라

어느 기쁨이든 근심 아닌 것이 없고
어느 근심이든 기쁨 아닌 것이 없다.

자식이 태어날 때 어머니가 위태롭고,

돈이 쌓이면 도둑이 엿보니,

어느 기쁨이든 근심 아닌 것이 없다.

가난은 근검하여 절약하게 하고

병은 몸을 보호하게 하니,

어느 근심이든 기쁨 아닌 것이 없다.

통달한 사람은 순탄함과 어려움을 같이 보고

기쁨과 근심을 모두 잊는다.

子生而母危(자생이모위)하고 鏹積而盜窺(강적이도규)하니
何喜非憂也(하희비우야)리오?
貧可以節用(빈가이절용)하고 病可以保身(병가이보신)하니
何憂非喜也(하우비희야)리오?
故(고)로 達人(달인)은 當順逆一視(당순역일시)하여
而欣戚兩忘(이흔척양망)이라.
(後 120)

'인생사 새옹지마'라고 한다. 대개 사물은 양면성을 지닌다. 좋은 면이 있으면 반드시 나쁜 면이 있는 것이다. 마치 생물의 유전자처럼 우성과 열성이 있다. 우성 유전자가 주도권을 잡으면 그 특징이 겉으로 드러나고, 열성 유전자가 주도권을 잡으면 그 특징이 일정 기간 잠복하는 상태가 된다. 특정한 조건 아래에서는 이것이 서로 뒤바뀐다.

생활 역시 마찬가지이다. 사람이 재난을 겪고 나서 교훈을 얻을 수 있다면, 재난이 지나가면 행복을 맞이할 수 있다. 사람이 행복한 상황에서 지나치게 사치하고 방탕하게 지낸다면 이내 큰 화가 닥치게 된다.

그러므로 문제를 볼 적에는 반드시 전체를 보아야지, 장님이 코끼리를 더듬 듯 해서는 안 된다. 여러 각도에서 사물의 특징을 판단하고 그 발전의 방향을 헤아려야지, 눈앞의 이익에 국한되어서는 안 된다. 아울러 눈앞의 이해득실, 순조로움과 좌절, 즐거움과 슬픔을 같은 것으로 간주해야만 비로소 좌절 속에서의 순조로움과 슬픔 속에서의 기쁨을 체험할 수 있다.

50.

반쯤 핀 꽃이 아름답다

활짝 핀 꽃잎은 금세 떨어져버리고
술에 흠뻑 취한 심신은 끝내 고주망태가 된다.

꽃은 반쯤 핀 것을 보고 술은 조금만 취하게 마시면
참다운 아름다움이 그 속에 있다.
꽃이 활짝 피고 술에 흠뻑 취하게 되면,
도리어 추악한 지경에 이르게 되니
가득 찬 상태에 있는 이는 생각할 일이다.

花看半開(화간반개)하고 酒飲微醺(주음미훈)하면
此中(차중)에 大有佳趣(대유가취)라.
若至爛漫(약지란만) 酕醄(모도)면 便成惡境(변성악경)하니
履盈滿者(이영만자)는 宜思之(의사지)라.
(後 123)

하늘의 섭리는 채워지는 것을 꺼리고, 세상사는 가득 차는 것을 두려워한다. 꽃은 가장 먼저 피는 것이 가장 먼저 떨어지게 마련이다.

속담에 '뜻을 이루었을 때는 실패할 때를 잊지 말고, 무대에 올랐을 때는 무대에서 내려갈 때를 잊지 말라'고 하였다. 사람이 뜻을 이루었을 때는 덕을 쌓고 선행을 베풀어 세력을 잃은 후에 외톨이가 되고 함정으로 떠밀리는 것을 피해야 한다.

달은 차면 기우니, 가득 찬 것을 밝는 것을 경계하라.

출신이 얼마나 고귀하든 지위가 얼마나 높든 순조롭고 세력을 얻었을 때 반드시 신중하게 행동해야 한다. 위험할 때와 물러날 때를 생각하고 여지를 남겨야 하며, 절대로 남을 업신여기지 말아야 한다.

51.

사람답게 사는 게 진짜 사는 것이다

농부는 가난하지만 자유를 누리고
모리배는 부유하지만 전전긍긍하며 산다.

산 속에 사는 선비는 청빈하여

그윽한 맛이 저절로 풍기고,

들에서 일하는 농부는 소박하여

천진한 모습을 그대로 지니고 있다.

만일 몸을 시장의 거간꾼으로 떨어뜨린다면,

차라리 구렁텅이에 빠져 죽더라도

정신과 육체가 맑은 것만 못하다.

山林之士(산림지사)는 淸苦而逸趣自饒(청고이일취자요)하고
農野之夫(농야지부)는 鄙略而天眞渾具(비략이천진혼구)하니,
若一失身市井駔儈(약일실신시정장쾌)하면
不若轉死溝壑(불약전사구학)이 神骨猶淸(신골유청)이라.
(後 126)

세상을 살면서 이익을 탐하고 의리를 저버리고 심지어 개인적 이익을 위하여 남을 해친다면, 이런 사람은 살아 있어도 죽은 것만 못하다. 설령 재산이 산더미 같고 비단옷에 산해진미를 즐긴대도 살아가는 것이 무슨 의미가 있겠는가? 그러므로 의리를 중시하고 이익을 경시하는 사람은 생활은 청빈할지라도 대의를 저버리지는 않는다.

송나라의 문장가인 소동파는 '군자가 중요하게 여기는 것은 명분과 절개이다. 그러므로 삶을 버리고 의리를 취하며, 자신의 목숨을 바쳐 인을 이루고, 죽일 수는 있어도 모욕할 수는 없다는 말이 있는 것이다'라고 하였다.

중국의 역사를 살펴보면 의리와 절개를 중시하여 삶을 버리고 의리를 택한 충신열사들은 대단히 많다. 예컨대 서한 시대에 흉노에게 사신으로 갔던 소무(蘇武)와 송나라 때에 원나라에 항거하였던 명장 문천상(文天祥) 등은 자신의 목숨을 보존하고자 구차하게 무릎을 꿇지 않았던 인물들이다.

52

분수에 넘치는 복은 화를 부른다

눈앞의 이익을 탐하면 함정에 빠지기 쉽고
높은 안목을 키우면 자유를 누린다.

분수에 넘치는 복과 까닭 없는 이득은

조물주의 낚시 미끼가 아니면 인간 세상의 함정이다.

이런 때에 높은 곳을 분명히 보지 않으면,

그 꾐에 빠져들지 않을 사람이 없다.

非分之福(비분지복)과 無故之獲(무고지획)은

非造物之釣餌(비조물지조)이면 卽人世之機阱(즉인세지기정)이라.

此處(차처)에 着眼不高(착안불고)하면

鮮不墮彼術中矣(선불타피술중)이라.

(後 127)

세상에 노력 없이 이루어지는 것은 없다. 그러므로 횡재를 했을 때는 조심해야 하고, 까닭 없이 남의 선물을 받으면 냉정하게 처리해야 하는 것이다. 순간의 이익 때문에 더 많은 재물을 잃게 될 수도 있다.

한번은 W가 베이징의 톈차오(天橋)를 지나던 중에 한 쌍의 남녀가 금원보(金元寶) 네 개를 손에 들고 가는 것을 보았다. 그들은 한 사람이 노래를 부르면 다른 한 사람이 화답하고는 하였다.

"집에서 급히 필요로 하는 것이 아니라면 조상대대로 전해온 금원보를 내다 팔지는 않을 것이오."

그들은 금원보를 싸게 사라고 권했다. 그들은 W에게 품안에서 가짜 보증서를 꺼내 보였다. 당시 W는 두 사람의 말에 마음이 흔들렸다. 요구하는 금액도 겨우 인민폐 5백 위안에 불과하기 때문에 이윽고 욕심에 눈이 멀고 말았다. 나중에 도둑으로 몰리고 나서야 후회했지만 이미 소용없는 일이었다.

까닭 없이 무언가를 얻게 하는 것은 의도적으로 잃게 하는 것이다. 이런 사람은 당신을 이용하려는 것이 아니면 속이려는 것이다.

53

인생의 주도권은 나에게 있다

바르게 행동하면 귀신도 어쩌지 못하고
주도권을 쥐면 간섭에 휘둘리지 않는다.

인생은 본래 꼭두각시 놀음에 불과하다.
그러므로 근본을 잡고 있어야 한다.
한가닥 줄도 헝클어짐 없이 감고 푸는 것이 자유로워야
움직이고 멈추는 것이 나에게 있게 된다.
그래야 털끝만큼도 남의 간섭을 받지 않고
이 놀이판에서 벗어날 수 있다.

人生(인생)은 <u>原是一傀儡</u>(원시일괴뢰)니 <u>只要根蔕在手</u>(지요근체재수)라.
一線不亂(일선불란)하여 卷舒自由(권서자유)하고 行止在我(행지재아)하여
一毫不受他人提掇(일호불수타인제철)하면
便超出此場中矣(변초출차장중의)라.
(後 128)

인생은 하나의 과정이다. 이 과정을 더할 수 없이 다채롭게 하려면, 자신을 잘 움켜쥐고 본분을 잘 지키는 것이 관건이다.

　　자신의 인생에 대해 운명의 끈을 붙들고, 자신을 분석하여 똑똑히 인식하며, 주변의 환경을 정확히 살피고, 방법을 잘 찾아내야 한다. 그러면 인생의 바다에서 마음껏 헤엄치고 남에게 제재당하지 않을 수 있다.

　　타인에 대해서는 냉정하게 관찰하고 조심스럽게 대응해야 한다. 또 남을 가볍게 믿지 말고 남에게 통제받아서도 안 된다. 이렇게 할 수 있다면 어떤 일에도 초연할 수 있다.

54.
득이 있으면 그만큼의 실이 있다

한 장수의 공을 위해 만 사람의 뼈가 마르고
한 사람의 부를 위해 세 동네가 망한다.

한 가지 이로운 일이 있으면 한 가지 해로움이 생긴다.
그러므로 천하는 일 없음이 복이 된다.
옛사람이 시에서 말했다.
"그대여, 제후에 봉해지는 일을 말하지 말게.
한 장수의 공을 위해서 만 사람의 뼈가 마른다네."
다시 말했다.
"천하가 항상 평화롭다면 칼이 칼집에서 천 년을 썩어도
아깝지 않다."
영웅의 마음과 용맹스러운 기개가 있다 해도
모르는 사이에 얼음처럼 사라질 수가 있다.

一事起(일사기)면 則一害生(즉일해생)이라
故(고)로 天下常以無事爲福(천하상이무사위복)이라.
讀(독) 前人詩(전인시)에 云(운)하되 「勸君莫話封侯事(권군막화봉후사)하라.
一將功成萬骨枯(일장공성만골고)라」하고,
又云(우운)하되 「天下常令萬事平(천하상령만사평)하면
匣中不惜千年死(갑중불석천년사)라」하니,
雖有雄心猛氣(수유웅심맹기)나 不覺化爲冰霰矣(불각화위빙산의)라.
(後 129)

사물은 언제나 좋고 나쁜 두 가지 측면이 있다. 이로움이 있으면 폐단도 있고, 복이 있으면 재앙도 있는 법이다.

속담에 '이득과 손실은 서로 뒤따르고, 이익과 폐단은 서로 엇갈린다'고 한다. 또 부드럽게 표현하는 경우에는 이렇게 말한다.

이해득실이란 어느 한쪽이 줄어들면 다른 한쪽이 늘어나서 서로 바뀌는 것이다. 쇠퇴함이 지나가면 번영할 것이다. 오늘의 번영은 내일의 쇠퇴일지도 모른다. 오늘의 얻음은 내일의 잃음일지도 모른다.

이런 순환의 이치를 잘 이해하고, 또 부자와 가난뱅이는 삼대를 가지 않는다는 교훈을 잘 이해한다면, 일찍이 품었던 큰 뜻을 스스로 단념할 것이다.

55.
겉모습에 속지 말고 진실을 보라

음란한 여자도 여승이 될 수 있고
명리에 열중하던 사람도 스님이 될 수 있다.

음란한 여자도 극에 다다르면 여승이 되고,
명리에 열중하던 사람도 격해지면 스님이 되는 수가 있다.
깨끗한 불문이 음란과 사악의 소굴이 되는 것도
이와 같은 이치에서이다.

淫奔之婦(음분지부)가 矯而爲尼(교이위니)하고,
熱中之人(열중지인)도 激而入道(격이립도)하니,
清淨之門(청정지문)이 常爲淫邪淵藪也如此(상위음사연수야여차)라.
(後 130)

속담에 '가장 위험한 곳이 가장 안전하다'고 한다. 선을 행하는 장소는 죄악의 피난처가 되기에 가장 쉽다. 그러므로 간통을 하는 음란한 여인도 단장하여 비구니로 둔갑하는 예가 있다. 많은 사람들은 선량함의 외투를 걸치고 악행을 저지른다. 명리를 좇는 무리들이 가사를 걸치고 속세에서 멀리 떨어진 청정한 땅에서 나쁜 음모를 꾸미는 것이다.

　세상은 복잡하다. 형형색색이다. 진짜와 가짜가 뒤섞이고, 허와 실이 뒤섞여 있다. 그리고 많은 악인들은 선행의 외투를 걸치고 있다. 이런 사람들의 사기행각은 순조롭다. 양의 탈을 쓴 늑대를 대비하는 사람은 없기 때문이다.

　사람들은 흔히 겉모습에 속아서 그들의 범죄 의도를 간파하지 못한다. 그러므로 올가미에 걸려들어 속는 것을 피하려면 두 눈을 바로 뜨소 진실과 허위, 선과 악, 아름다운 것과 추한 것을 잘 식별해야 한다.

56.
늘이기에 애쓰지 말고 줄이는 데 힘써라

줄이지 않고 더하기만 하면
세상은 속박으로 가득찬다.

사람이란 무슨 일이든 하나를 줄이면 곧 하나를 초월한다.

사귐을 줄이면 시끄러움을 면하고

말을 줄이면 허물이 적어지며

생각을 줄이면 정신이 소모되지 않고

총명을 줄이면 본성을 보전할 수 있다.

사람들이 날로 줄이기를 원하지 않고

오직 더하기를 원함은 자신의 삶을 속박하는 것이다.

人生(인생)이 減省一分(감생일분)하면 便超脫一分(변초탈일분)하니

如交遊減(여교유감)하면 便免紛擾(변면분요)하고

言語減(언어감)하면 便寡愆尤(변과건우)하며

思慮減(사려감)하면 則精神不耗(즉정신불모)하고

聰明減(총명감)하면 則混沌可完(즉혼돈가완)이라.

彼不求日減(피불구일감)하고 而求日增者(이구일증자)는

眞桎梏此生哉(진질곡차생재)로다.

(後 132)

세상을 살아가는 데는 간단할수록 좋다. 조금 줄일 수 있다면, 그에 상응하는 것을 조금 더 얻을 수 있는 것이다. 만약 타인과의 교제를 줄인다면 그만큼 불필요한 번거로움을 줄일 수 있다. 말을 조금 줄이면 과실을 줄일 수 있다.

번거로움이 줄어드는 것이 아니라 날마다 늘어나는 사람이 있다면 평생 세속의 쇠사슬에서 벗어나는 것은 상상도 하지 말아야 한다.

사람을 만나고 관계를 맺는 것을 아무런 문제 없이 잘 해내기는 어렵다. 어느 사람과 잘 지내면 다른 곳에 제대로 신경을 쓰지 못할 수 있다. 어떤 경우는 건성으로 응대할 수밖에 없는데, 그러다 보면 금세 틈이 생긴다.

뭐든 많아지면 그만큼 몸과 마음이 힘이 든다. '말이 많으면 실수하게 된다', '화는 입에서 나온다', '걱정은 정신을 소모한다'는 말에 담긴 이치를 이해하기 어렵지 않다.

57

나의 적은 내 마음이다

자연의 추위는 피하기 쉬워도
마음속 추위는 제거하기 어렵다.

자연의 추위와 더위는 피하기 쉬워도
인간 세상의 더위와 추위는 제거하기 어렵다.
인간 세상의 더위와 추위는 제거하기 쉬워도
마음속 추위와 더위는 제거하기 어렵다.
내 마음의 추위와 더위를 없애기만 한다면,
온몸이 화기로 가득 차서 가는 곳마다
저절로 봄바람이 불 것이다.

天運之寒暑(천운지한서)는 易避(이피)나
人世之炎凉(인세지염량)은 難除(난제)하고,
人世之炎凉(인세지염량)은 易除(이제)나
吾心之冰炭(오심지빙탄)은 難去(난거)니,
去得此中之冰炭(거득차중지빙탄)하면 則滿腔(즉만강)이 皆和氣(개화기)하여
自隨地(자수지)에 有春風矣(유춘풍의)라.
(後 133)

자연의 추위와 더위는 쉽게 피할 수 있지만 사람 사이의 변화무쌍한 관계는 없애기 어렵다. 사람관계의 변화무쌍함보다 더 없애기 힘든 것이 내 마음의 은혜와 원한이다. 만약 이런 마음을 없앨 수 있다면 인생은 얼마나 가볍겠는가.

속담에 '원수는 쉽게 풀리지만 맺기는 쉽지 않다'고 한다. 사람들의 원한은 대부분 자신의 한 가지 생각의 차이에서 비롯된 것이다. 날씨가 변하는 것과 세상 사람들의 마음이 변하는 것은 외부에서 오는 것이라 극복하고 피할 수 있지만 내 마음의 적은 가장 이기기가 어렵다.

제 3 부

인성교육은
왜
필요한가

제 1 장

도덕은 불변한다

공자(孔子)는, '예운 예운(禮云禮云)이나 옥백운호재(玉帛云乎哉) 하고, 악운 악운(樂云樂云)이나 종고운호재(鐘鼓云乎哉)라' 하였다. 즉, '도덕 도덕 하면서 경제승리라 하며, 음악 음악 하면서 향락으로 놀아나느니라'라는 뜻이다. 이 말은 2500년 전이나 현재나 인심, 인정은 똑같다는 것을 말해 준다.

도덕은 불변의 원리이다. 물질 문명은 변하여도 정신 문화는 불변이다. 도덕은 물욕으로 망하고 자유는 도덕의 적이라는 두 가지 명제는 고금(古今)의 철학적 공리(公理)이다.

결론적으로, 도덕이 땅에 떨어진 사회를 경제제일주의로 이끌어가는 것은 실로 나라를 망치게 하는 것임을 우리 모두가 깨달아야 한다.

군사부 지도자론(君師父 指導者論)

우리는 아이들에게 "아빠 말씀 잘 들어라", "선생님 말씀 잘 들어라", "어른들 말씀 잘 들어라"고 매일같이 말한다.

얼마 전까지만 해도 인심 좋고 예의 바른 세상이어서 현재 같은 불효·불충·살인·강도·사기·절도 등의 사회악이 그다지 많지 않았었다. 그러나 오늘의 사회는 검은 돈, 검은 마음으로 인해서 갈등과 반목, 투쟁과 야합이 판을 치는 불안한 세상이 되고 말았다.

우리는 전통적으로 유아기 때부터 양질의 국민으로 육성하기 위한 교육을 시작하였다. 그리고 정치 지도자나 관리가 되기를 원하면 학문을 닦고 인격을 도야하며 성도를 체득해서 만민의 추대를 받게 했고, 그로써 국민이 순종하게 했던 것이다. 즉, '상(上)'이 '하(下)'를 강요하지 않고 하는 '상'에 순종하였으며, '상'은 스스로 자질을 더욱 갈고 닦아서 '하'가 저절로 따르게 할 뿐이다.

그리고 '하'가 노력해서 자질을 갖추면 언제든지 '상'의 지위에 오르게 되는 기회 균등의 원칙을 갖추고 있었다. 따라서, 군사부 지도자의 교양이 교육의 근본이다. 군사부(君師父)가 일체가 되어서 가슴을 열고 뜨거운 애정으로 교육을 시키는 교육 개혁이 있지 않으면 안 된다.

① 군(君)이란 정치적 지도자를 뜻한다. 군주제에서는 '임
   금'이 되겠지만 우리나라는 대통령제이니 의당 대통령
   이 그 역할을 맡아야 한다.

② 사(師)라 함은 스승을 말한다. 꼭 교육자들만이 아니다.
   사회 각 부문·계층의 원로들이나 지도자급에 해당하는
   사람들 모두가 이에 해당이 된다.

③ 부(父)라 함은 부모나 가족을 말하는 것인데, 그 중에서
   도 모(母)를 뜻한다.

   고대 모계 시대에 어떤 사람이 죽은 어머니의 시신을 들에 갖다 버렸
는데, 후에 동물이 뜯어먹은 어머니의 시신을 다시 보게 되었다. 비로소
이때에야 어머니의 키워 주신 은공을 깨달아서 삼태기와 가래를 갖고 와
서 시신을 흙으로 덮으니, 이것이 효의 시작이다.

〈孟子〉

성실(誠實)

인간의 도덕 중에서 가장 중요한 것 하나가 성실이다.
《중용(中庸)》에는 '성자(誠者)는 천지도(天之道)요, 성지자(誠之者)
는 인지도(人之道)니라'라는 말이 있다. 성실한 것은 하늘의 길이
요, 성실하고자 노력하는 것은 사람의 길이라는 뜻이다. 하늘
의 길은 변하지 않고 영원한 것다는 것이다.

하늘에 있는 태양과 달 등이 변함없이 질서정연하게 운행하고 있기 때문에 우리가 살 수 있는 것이요, 만일 천체의 운행이 불규칙하게 되어서 한 치라도 착오가 있다면 우주는 유지될 수 없고, 인간은 살아갈 수가 없다.

성실한 마음, 그것은 인간에게 있어서 가장 중요한 것이다. 순간 순간을 즐기고 향락이나 추구하려는 찰나주의(刹那主義)는 정면으로 성실에 반대되는 것이다. 설령 내일 지구의 종말이 온다고 할지라도 오늘 사과나무 한 그루를 심는 그 정성이, 바로 성실이다.

성실한 자에게는 안 되는 것은 없다. 반대로 성실하지 않은 자가 성공할 수는 없다. 성실은 하늘의 길이므로 하늘은 성실한 자를 돕는다. 인간 사회에서 성실하게 노력해서 안 되는 것은 없다.

인(仁)

옛 성현들이 말하기를, 사람으로서 다섯 가지 예의를 모르면 곧 짐승과 멀지 않다고 하였다. 다섯 가지의 예의란 오상(五常)을 이름인데, 그러면 오상이란 무엇인가.

인(仁) 어질게 살아야 한다.
의(義) 의리가 있어야 한다.

예(禮) 예의가 있어야 한다.

지(智) 지혜가 있어야 한다.

신(信) 서로 믿음이 있어야 한다.

이 오상을 지킬 줄 모르면 금수에 다를 바가 없다고 하였다.

오상 중에서도 인(仁)이 가장 큰 도덕이며, 인은 오상을 총합하는 것으로도 볼 수가 있다. 맹자는, '인이란 사람이 마땅히 가져야 할 마음'이라고 말했다. 그는 또한 '측은지심 인지단야(惻隱之心 仁之端也)'라고 말하였다. 사람을 측은히 여기는 마음이 인의 시작이라는 뜻이다. 그는 예를 들어 말하기를, '어린 아이가 우물에 빠졌다. 이것을 보고 '아 불쌍하다, 구해 줘야지' 하는 마음의 충동이 바로 그것이다'라고 했다.

《대학(大學)》에서는 이르기를, '일가인(一家仁)이면 일국흥(一國興)이라'고 했다. 즉, 한 가정이 어질면 한 나라가 어질고 흥한다는 말이다. 또한 '일인탐려(一人貪戾)면 일국작란(一國作亂)이라'고 했다. 즉, 한 사람이 욕심을 내면 한 나라를 혼란스럽게 만든다는 말이다. 그러므로 '일인정국(一人定國)이니라'. 즉, 한 사람의 힘으로 나라의 안정과 불안정이 결정된다고 했다.

한 사람 한 사람의 성품이 어질고 선한 사람들이 모여서 이루어진 나라라면 어질고 선한 나라가 될 것이며, 욕심이 많은 사람들이 모여서 서로 자기의 욕심만 챙기면 나라도 역시 혼란해질 것이다. 그러므로 국민 한 사람의 행동이 국가의 안정과 수준을 평가하는 데 막중한 위치에 있다는 것을 알아야 한다.

어진 마음을 가진 사람을 인자(仁者)라 하며, 인자는 무적이라고 했다. 어느 누구도 인자를 해치지 못한다는 말이다. 인국(仁國), 즉 어진 나라는 어떤 나라인가. 그 지도자가 어질고 국민을 사랑하는 나라를 말하며, 그런 나라는 지도자를 중심으로 일치단결하니 어느 누구도 넘볼 수 없는 강국인 것이다.

외국의 국가원수들을 보라. 재임 중에는 사사로이 돈 한 푼받지 않고 나라를 위해서 봉사하고, 퇴임 후에는 강단에 서거나 떳떳하게 정치 생활을 회고록으로 남기거나 하면서 부끄럽지 않은 여생을 보내고 있지 않은가. 반면에 우리의 대통령들은 어떤가? 말하지 않기로 하자.

미국에서는 대통령을 국민의 종(Servant of People)이라 부르고, 대통령은 오직 국민을 위해서 봉사를 할 따름이다. 권력은 남용되기 쉽기 때문에 미국에서는 대통령이 최소한도로 권한을 행사하도록 규제하고 있으며, 이것이 정치 원칙이 되었다. 대통령이 권한을 많이 행사할수록 국민의 자유는 제한되고 그만큼 고통을 받게 된다. 대통령은 국민을 통치하는 것이 아니라(Not to rule) 봉사하는 것이다(But to Serve).

옛말에 '유세막사진(有勢莫使盡)이요, 사진원상봉(使盡冤相逢)'이라고 했다. 즉, 세력을 가져도 그것을 다 쓰지 말라, 세력을 다 쓰면 사람들의 원한을 사게 된다는 뜻이다.

지성(知性)과 덕성(德性)을 갖춘 선비정신

시대와 장소를 막론하고 사람들은 모두 나름대로의 이상적이고 시범적(示範的)인 인간상의 모형(模型)을 갖고 있다.

전통적으로 서구 사람들은 젠틀맨십(gentlemanship), 즉 신사도(紳士道)를 이상으로 여겨왔으며, 동양 사회에서는 군자도(君子道)를 지향하는 데 주력해 왔었다. 군자란 우선 심성이 어질고 덕행(德行)이 높은 사람이며, 남의 사표(師表)가 될 만한 사람이다. 이러한 군자들이 많이 산다고 해서, 중국에서는 신라(新羅)를 가리켜 군자국(君子國)이라 이름했었다. 즉, 나라의 풍속이 선량하고 예의가 바른 나라라고 칭송했던 것이다.

이렇듯 군자라는 말은 우리말의 선비라는 말과 일맥상통한다. 선비라는 뜻을 가진 사(士) 자가 붙은 말은 많다. 몇 가지 예를 들면, 사대부(士大夫), 거사(居士), 명사(名士), 의사(義士), 지사(志士), 박사(博士), 용사(勇士) 등이 있다.

군자유구사(君子有九思)하니 시상명(視思明)하며 청사총(聽思聰)하며 색사온(色思溫)하며 모사공(貌思恭)하며 언사충(言思忠)하며 사사경(事思敬)하며 의사문(疑思問)하며 분사난(忿思難)하며 견득사의(見得思義)니라.

－《논어(論語)》

군자는 아홉 가지를 깊이 생각해야 한다. 사물을 보는 경우에는 밝게 보기를 생각하며, 남의 말이나 이야기를 들을 때에는 총명하게 듣기를 생각하며, 얼굴빛은 온화하고자 하며, 매사를 대하고 처리할 때에는 공경하기를 생각하며, 의심나는 일은 물어서 밝히고자 생각하며, 분노를 느낄 때에는 환난(患難)을 생각하며, 이득을 보게 되면 의로운가를 생각한다.

우리 조상들은 모두 군자가 되고 선비가 되기를 궁극적인 목표를 삼고 노력했었다. 군자가 되려면 지성과 교양 그리고 덕행이 뒤따라야 한다. 문자 그대로 유도호학(有道好學)이 있어야 하는 것이다.

이러한 측면에서 볼 때 과연 우리의 교육 내용과 방법이 인품과 인간성을 육성함에 있어서 긍정적인 기능을 했다고 말할 수 있는가. 유감스럽게도 그렇지 못함이 현실이기 때문에 오늘날 교육 불신의 소리는 높으며 아울러 교육 혁명을 강조하는 목소리도 심심치 않게 일어나고 있다.

우리 도덕교육은 어디로?

오늘날 우리 사회는 도덕은 땅에 떨어지고 법은 잘 지켜지지 않고 있다. 그래서 혼란과 무질서가 횡행하며, 긴장과 갈등이 팽배하다. 사회가 이렇게 된 데에는 여러 가지 이유가 있겠지만 그 중에서도 가장 큰 이유는 바로 도덕교육의 부재에 있다.

교육활동은 지육(智育), 덕육(德育), 체육(體育)이라 할 수 있다. 그 중에서도 가장 으뜸가는 것은 바로 덕육이다. 덕육을 통해서 도덕과 윤리, 그리고 규범 등을 잘 지키고 실천할 수 있는 인간다운 인간이 길러지는 것이다. 그 토대 위에서 지육, 즉 지식·학문·과학·기술 등을 가르치고 건강한 신체를 길러야 한다.

교육이란 사람을 보다 사람답게 살아가도록 가르치는 것이며, 인간 스스로 지육을 통해 얻은 모든 지능과 기술을 통해 완결된다고 할 때 바로 덕육의 과제는 지행일치(知行一致)이다. 그런 뜻에서 모든 교육은 도덕교육과 직·간접으로 연관된다.

다른 나라의 예를 보더라도, 도덕교육은 가정·학교·사회 등 생활의 현장에서 자발적·자율적으로 이루어질 수 있도록 교훈(敎訓)되고 훈련되고 실천되고 있다.

천명지 위성(天命之謂性)이요

솔성지 위도(率性之謂道)요

수도지 위교(修道之謂敎)이니라.

－《중용(中庸)》

하늘이 사람에게 부여한 것을 성(性)이라 하는데, 성은 사람마다 선천적으로 갖추어 있는 것이니 곧 본성(本性)이라 이른다. 그러므로 본성을 따르는 것이 곧 도(道)이며, 도를 닦는 것이 곧 교육이다.

제 2 장
도덕교육은 왜 필요한가

세계는 운명공동체이다

'도덕교육의 필요'를 외치는 사람들은 말할 것 없이 도덕에 대한 명확한 관념이 있어야 한다. 그러므로 이 점을 재확인하는 동시에 나아가 도덕교육의 의의에 대해서 이해를 깊이 해야 한다.

도덕을 생각함에 따라 먼저 글자의 의미를 조사해 보면 '도(道)'에는 '지켜야 할 길잡이'이라든가, '따른다', '다스린다' 등의 의미가 있고, 도덕이란 '사람이 밟아야 할 정도(正道), 인륜오상*(人倫五常)의 길'인 것이다.

사람이 살아가는 데는 친자, 형제, 부부 등, 우선 가족 외 사람들과 함께 생활을 하지 않을 수 없다. 그러나 더 넓게 생각하면 사회의 일원으로서 타인과 교섭하여 사회의 구성원으로서,

국민으로서 그 권리와 책임을 다해야 하며, 더 나아가서는 지구 전체를 운명공동체로 보고, 그 지구에 살고 있는 인류의 일원으로서 책임을 다할 수 있어야만 한다.

사람은 누구나 이 틀 속에서 살아가기 때문에 가족이나 지인과 좋은 인간관계를 안정적으로 만들어가는 것이 자기의 삶을 원활하게 만들어가는 것이며, 사회나 국가, 인류에 대해서도 그 성원으로서 책임을 다해야 한다.

이와 같이 사람은 그를 둘러싼 인간관계나 사회관계를 안정적으로 지켜가기 위해 노력하고 인간으로서 살아가기 위해서는 공통(共通)의 심적 태도나 행동양식을 알고, 그것을 몸에 익히고 실천할 것이 요구된다.

앞에서 설명한 것처럼 도덕을 '사람이 밟아 나아가야 할 정도'라고 설명한 것처럼 그 공통의 심적 태도와 행동양식을 가리켜 '인륜오상의 길'이라고 설명한 것은 그것을 가르친 동양의 유교에서는 인간을 둘러싼 다섯 가지의 인간관계와 거기에 대응할 수 있는 심적 태도와 행동양식이 잘 나타나 있기 때문이다.

------

* 인륜오상(人倫五常)은 맹자의 부자(父子), 군신(君臣), 부부(夫婦), 장유(長幼), 붕우(朋友)의 다섯 가지의 인간관계(오륜)과 그것에 대응하는 다섯 가지의 덕목(德目), 친(親), 의(義), 별(別), 서(序), 신(信) 다섯 가지의 오상(五常)을 말한다.

도덕은 생활 그 자체이다

특히, 도덕이나 윤리의 어원이 된 그리스어의 에토스(ethos), 라틴어의 모레스(mores), 독일어의 제테(sitte) 등도 어느 것 없이 인간의 공동체의 습속(習俗)의 의미를 갖고 있다. 이것은 가족, 종족, 민족, 국가 등은 인간의 공동체적 존재형태이긴 하나 여기서 습속의 도덕을 성립시키는 바탕이 되었음을 살릴 수가 있다.

그러나 습속은 도덕의 바탕이긴 하나 도덕 그 자체는 아니었다. 습속 안에서 인간의 실체를 사회적 측면에서 규정한 것이 법률이며, 개인적 측면에서 규정한 것이 도덕이라 할 수 있다.

도덕이라는 글자를 통해 고찰하였듯이 도덕이란 인간이 살아가는 데 있어서 없어서는 안되는 윤리규범이다. 이것은 심원(深遠)한 철학이나 종교와 관련 있는 난해한 것이 아니라 사람이 일상생활을 살아가는 가운데 늘 직면하고, 판단하고, 행동하고 있는 것이다. 그러므로 도덕은 어른만이 아니라 어린이의 일생생활 속에서도 늘 깊이 관계되어 있다.

그러므로 도덕은 단순한 지식이 아니라, 개인의 내면에 있는 일생생활의 행위를 촉진시키며 살아가는 활동력으로 생활 속에서 실천하게 된다. 즉 내면에서 돌발적으로 일어나는 충동을 빠른 판단력을 가지고 시비(是非)를 변별(辨別)하는 동시에 악한 것에의 유혹을 제어하는 강한 의지력, 나아가서는 선한 행위에의 실천력은 그 생활을 통해서의 실천 속에서 길러가지 않으면 안 된다. 그리고 그 생활을 통해서 끊임없이 실천을 쌓아가는 것이 도덕적 품성을 닦으며 높이는 것이다. 그러므로 생활을 떠난 도덕교육은 공허한 것으로 실천이 따르지 않는 도덕교육은 공염불이다.

인간의 도덕적 인격의 완성은 평생을 통해서 끊임없는 수양을 통해 달성해야 하기 때문에 그 기초는 어려서부터 청년기에 걸쳐 형성된다. '너의 젊은 날에 신을 알아라'고 성서가 말했듯이 이 시기야말로 도덕교육에 보다 힘을 기울여야 할 때이다. 그래서 가정이나 학교에서 교육이 무엇보다 필요한 것이다.

인간으로서 자기의 내면에 있는 소리에 충실히 살고, 아울러 사회적 존재로서 타인의 공생을 원활하게 하기 위한 도덕적인 원리는 시대나 사회를 가릴 것 없이 초월한 보편적인 것이다. 그러나 현실의 사회생활이나 시대나 사회에 의해서 변화하기 때문에 도덕의 실천형태는 시대와 더불어 늘 새로워질 수밖에 없다. 따라서 도덕교육의 과제는 보편적인 도덕의 원리를 밝히는 동시에 시대나 사회의 변화에 대응해서 나날이 새로운 삶의 방법(도덕의 역사성)을 추구해 가는 것이다.

제 3 장
도덕과 인격

인간이란 무엇인가

인간의 성장발달은 단순히 생물적인 의미로서 성숙이 아니라, 하나의 인격을 가진 인간으로서 형성되는 것을 의미하고 있다.

그것을 위해서는 인간형성은 필연적으로 도덕교육을 포함하게 되고, 도덕교육도 인간형성의 이법(理法)을 준수함에 그 효과를 기할 수 있다.

교육의 목적을 명시한 각국의 교육기본법은 '교육은, 인격의 완성'이라고 명시하고 있다.

'인격'에는 '인격자'라고 하듯이 도덕적인 품성을 갖춘 훌륭한 인간이라는 의미가 있다. 즉 교육의 목적은 도덕적인 품성을 갖춘 훌륭한 인간을 육성하는 것이다. 교육과 도덕과는 밀접하게 결부된 관계이다. 둘 다 바람직한 인간 육성을 목적으로 하고 있다. 그것을 생각하기 위해서는 먼저 '도대체 인간이란 무엇인가?'를 분명히 밝힐 수밖에 없다.

바로 이 물음은 인류의 발생 이래, 만인이 끊임없이 스스로의 가슴에 물어왔던 문제이다.

이 문제는 지금까지 인간을 다른 동물에 비교해서 그 특질을 밝혔거나 인간 자신의 마음의 움직임이나 밖으로 나타나는 행동을 관찰하여 그 실태를 연구하여 왔다. 그 결과 다른 동물과의 비교에서 인간은 동물과 같이 유전적 환경적 제조건에 의해서 결정되어 있는 것이 아니라, 얼마든지 그것을 개변(改變)함으로 극복할 수 있는 가능성을 가지고 있는 것. 게다가 안으로부터의 충동에 대해서도 이것을 제어할 수 있는 이성(理性)을 가지고 있으므로 인해서 '인간은 내외(內外)의 조건에 따라 결정지을 수 없는 자유로운 존재임이 인간의 특질'이라고 생각하게 되었다.

인류의 역사를 보면, 인간은 근대에 들어서 그 자신이 목적적 존재가 되고, 타자의 목적을 달성하기 위한 수단으로 사용되지 않는 자율적인 존재가 되었다. 이러한 인간존재를 인격(人格)이라고 부르게 되었다. 즉 인격은 그 사람의 독자의 방법으로 형성됨을 암시한다.

이와 같이 그 자신 절대적인 가치를 갖는 인격을 존중하는 것을 칸트는 '너 자신의 인격과 모든 타인의 인격에 있어서 인간성을 늘 동시에 목적으로서 취급하고 결코 수단으로서 취급하지 않도록 행동하라'고 가르쳐 주었다.

그러나 인간은 태어나면서부터 인격을 몸에 익힌 것이 아니라 성장발달의 과정 속에서 교육을 통해 형성시키는 것이다.

칸트는 '인간은 교육에 의해서 처음으로 인간이 된다'고 했다. 여기서 말하는 교육이란 특히 도덕교육과 깊은 관계가 있음은 물론이다.

습관형성의 의의

생후 갓난 아이는 충동이나 외부에서 오는 자극을 통제하는 힘이나 선악(善惡)에 대해서 판단의 기준을 가지고 있지 않다. 그들은 내면의 욕구 그 자체가 모든 가치판단의 기준이 된다.

배고플 때 배를 채워주고, 젖은 것을 갈아주면 쾌적하고, 그 반대의 상태에서는 불쾌해진다. 유아에게 중요한 일은 잠자고, 먹고, 움직이는 것이다. 아이가 한 살을 넘으면 이유(離乳), 보행(步行), 그리고 말의 습득이라는 학습적 요소가 더해진다. 이유는 아기와 어머니와의 신체적인 분리를 의미하는 동시에 다가올 심리적 이유(어린이의 자아의 싹틈)의 제 1단계로서 도덕성의 발달에도 깊은 관계를 가지고 있다. 보행은 어린이의 공간적 세계를 확대하고 언어는 커뮤니케이션의 도구로서 어린이의 사회적인 세계를 넓힌다. 언어를 통해서 어린이는 다른 사람과 보다 깊이 연결이 될 수 있다. 결국 언어는 어린이의 사고의 발달을 촉진하고, 외계의 이해와 자기의 의사표현의 중요한 수단이 된다.

유아가 우유를 먹고, 잠자고, 목욕하고, 산보를 한다는 규칙 바른 생활을 반복함에 따라서 유아의 신체는 규칙적인 리듬으로 활동하게 되고, 생활의 반복이 습관이 되고, 습관은 익숙하게 되어 어린이의 욕구를 만족하게 만든다. 이같은 습관형성(習慣形成)이 교육의 최초단계이다. 이 가운데서도 기본적 생활습성(착탈의, 식사, 배설, 수면, 청결)의 형성은 몸에 익을 예의범절 속에서 가장 기본이 되는 것이다.

보행이나 언어의 습관은 유아가 어른의 행동을 모방하는 것으로 습득된다.

인격의 모방으로서의 교육

어린이는 어른의 언어동작, 태도를 모방하여 그 행동을 따른다. 여기에는 아직 선악의 판단력은 없다. 다만 어른의 행위 속에서 선한 것만을 모방하고, 악한 것을 모방하지 않는다는 선택적인 모방이 되지 않는다. 그만큼 이 시기에 있어서 어른의 인격적 영향력은 결정적인 것이다.

어린이는 또한 도덕적인 선악을 이해하는 것이 되지 않기에 주위의 어른들의 태도에서 자기의 행위를 판단한다. 그러므로 어린이의 신변에 있는 어른(아버이나 교사)의 인격은 어린이가 목표하는 인격의 '이미지'로서 시사하게 되고, 그리고 그 인격적인 영향력은 어린이의 윤리적인 감각을 육성하는 데 커다란 영향을 미친다.

자아의 싹틈과 인격형성

탄생 후 한 살 정도까지 유아는 모친과의 일체감을 유지하고 있기에 자타의 구별은 명료하지 않다. 그러나 세 살경이 되면 유아는 '나' 또는 '자기'라는 대명사를 사용하게 된다. 이것은 모친과의 심리적 이유가 진행되면서 유아의 '자아의 의식'(自我 意識)이 싹틈을 알리는 시사이다. 이같은 자아의 싹틈이야말로 유아의 내면에 인격을 통합하는 중심적인 힘이 싹틈을 의미한다.

그 후 유아의 행동은 강한 자기 주장이 되고, 게다가 반항적 태도가 되어 모친을 놀라게 한다. 그러나 이러한 행동은 자기와 주변 사람과의 구별을 명확히 하면서 모친의 지배에서 벗어나 자립성을 획득하려는 것이다.

어린이의 자아의식이 발달하고, 자기의 욕구를 실현시키려는 힘은 점점 커지는 동시에 그것이 타인의 자아의식과 충돌하려는 두려움도 중대된다. 즉 지금까지는 자립에의 욕구를 충족시키려는 것이었다면, 유치원에 들어갈 무렵이 되면 타인과 공존하는 삶의 방법이 도덕적인 과제가 되고, 그를 위해 자기의 욕구를 어느 정도 억제하지 않으면 안 된다는 것을 배우게 된다.

이렇게 하여 유아는 친구와의 놀이 속에서 자(自)와 타(他)와의 공존하기 위한 룰(rule)을 스스로 몸에 익혀나가는 것이다. 이것을 사회화(社會化)의 과정이라 한다.

개인의 삶과 집단의 가치

어린이의 성장발달에는 개인의 완성이라는 측면과 사회의 집단의 일원이 되어 타인과 더불어 산다는 측면이 있다. 학교 교육은 이같은 두 면의 과제에 대해 개별지도와 집단지도로 대응하고 있다. 도덕교육도 개인의 인성의 완성을 목적하는 동시에 사회·국가의 형성에 참가하는 능력의 양성을 중요한 과제로 하고 있다.

개인의 도덕성의 완성

사람은 각각 타인과는 다른 유전적 환경적 조건에서 성장·발달하며, 태어난 이래 살아온 생활 속에서 독자적인 개인의 도덕적 성격이 형성되어 있다. 그리고 앞으로 둘도 없는 인생에 있어서 어떠한 삶의 방법을 선택하는가도 개인의 자유에 위임되어 있다. 그런 의미로 개인의 도덕은 사람의 각자의 인생을 보다 좋게 살아가기 위한 각각의 도덕으로서 확립되어야 한다.

개인의 도덕성은 먼저 유아기에 있어서는 좋은 습관을 형성하는 것으로 비롯되어, 양친이나 가족, 그리고 교사, 친구에 의해 품위 있는 인격을 만들어감으로 보다 완성된다. 그러기 위해서는 생활환경을 정비하고, 늘 자기의 마음과 행동을 반성하여 인격의 향상에 힘쓰는 수양의 노력을 평생을 통해 계속하여 가는 것이 바람직하다. 유교에서 말하는 '수신(修身)'이란 주로 이러한 개인의 도덕성의 완성을 지적하고 있다.

따라서 학교교육은 개인이 스스로의 도덕성을 완성하기 위해 평생을 힘써야 할 수양에 기반이 되는 도덕적인 판단력, 심정, 태도, 실천력을 육성하는 것을 목적으로 한다.

집단의 가치의 훈련

인간은 개인으로서의 삶의 방법을 모색하는 동시에 사회의 일원으로서 타인과 공존하여 살아가는 도(道)를 발견해가지 않으면 안 된다. 게다가 자기가 소속된 집단, 즉 가정이나 사회, 국가의 발전에 이바지해야 하는 책임도 져야 한다.

사회의 복잡한 인간관계를 잘 조정하고, 그 속에서 자기 실현에 힘써가는 것이 보다 바람직한 삶의 방법이긴 하나, 거기에는 유아기 때부터 사회의 봉사의 마음, 사람들의 리더로서의 리더십, 사회에서 연대감 등을 집단의 생활을 통해서 육성해가는 것이 필요하다.

초·중학교에서는 집단에 있어 가치의 능력을 높이기 위해서 학교에서 어린이회, 학생회의 활동, 스포츠의 단체경기, 야외학습 등을 교육받는다. 그리고 중학생, 고등학생이 되면 스스로의 생활이 어른에 의해 간섭받는 것이 싫어지고, 자신의 독립적인 생활을 강하게 요구하는 경향이 생긴다. 이것은 어린이로부터 어른이 되는 과도기에 나타나는 심리적 특징이긴 하다.

교육은 이러한 그들의 본래적인 욕구도 활용하여 집단가치를 깨닫게 되는 기회를 많이 부여하여 집단 가치의 능력을 육성해 가야 한다. 이것은 인성교육의 주요한 목표가 된다.